Educación reformada

La escuela cristiana como Demanda del pacto

David J. Engelsma

Reformed Free Publishing Association
Jenison, Míchigan

Publicado originalmente en 1977 por la Federation of Protestant Reformed School Societies

Reimpreso en 1981 por la Federation of Protestant Reformed School Societies

Edición revisada del año 2000 por la Reformed Free Publishing Association

Edición de libro electrónico 2012 por la Reformed Free Publishing Association

ISBN 978-1-7368154-6-5

La Escritura es citada de la Versión Reina Valera 1960.

Reformed Free Publishing Association
1894 Georgetown Center Drive
Jenison, MI 49428-7137
616-457-5970 www.rfpa.org
mail@rfpa.org

A mis hijos y nietos:
"herencia de Jehová"

Ora...

Oración sobre la preparación para ir a la escuela
por Juan Calvino

¿Con qué limpiará el joven su camino? Con guardar tu palabra.
—Salmo 119:9

Oh Señor, quien es la fuente de toda sabiduría y aprendizaje, ya que Tú de Tu bondad especial has concedido que mi juventud sea instruida en buenas artes que pueden ayudarme a una vida honesta y santa, concédeme también, iluminando mi mente, que de otra manera trabaja bajo ceguera, que pueda ser apto para adquirir conocimiento; fortalece mi memoria fielmente para retener lo que puedo haber aprendido: y gobierna mi corazón, para que pueda estar dispuesto e incluso ansioso por beneficiarme, no sea que la oportunidad que ahora me das se pierda a través de mi flojera. Por lo tanto, complácete en infundir tu Espíritu en mí, el Espíritu de entendimiento, de verdad, juicio y prudencia, para que mi estudio no sea sin éxito, y el trabajo de mi maestro sea en vano.

En cualquier tipo de estudio que realice, permíteme recordar mantener su fin apropiado a la vista, a saber, conocerte en Cristo Jesús Tu Hijo; y que cada cosa que aprenda me ayude a observar la regla correcta de la piedad. Y viendo que Prometes que otorgarás sabiduría a los bebés, y a los que son humildes, y el conocimiento de Ti mismo en el que es recto de corazón, mientras declaras que echarás a los impíos y orgullosos, para que se desvanezcan en sus caminos, te suplico que te complazcas en convertirme a la verdadera humildad, para que así pueda mostrarme a mí mismo enseñable y obediente primero a Ti mismo, y luego a aquellos que por Tu autoridad son puestos sobre mí. Complácete al mismo tiempo a erradicar todos los deseos viciosos de mi corazón, e inspirarlo con un deseo sincero de buscarte. Finalmente, que el único fin al que pretendo sea calificarme en la vida temprana, para que cuando crezca pueda servirte en cualquier estación que Tú me asignes. Amén.

La comunión íntima de Jehová es con los que le temen, Y a ellos hará conocer su pacto. —Salmo 25:14

... et labora

Del discurso pronunciado en la inauguración del remodelado Colegio de Ginebra, junio de 1559 por Teodoro Beza

Instruido en la verdadera religión y en el conocimiento de las buenas cartas, has venido para poder trabajar para la gloria de Dios.

Contenido

Prefacio

Ha pasado más de un cuarto de siglo desde que enseñé el "mini-curso" sobre educación cristiana reformada que resultó en este libro. Me di cuenta qué tan largo ha sido este tiempo cuando inserté "y nietos" en la dedicatoria de esta edición. Sin embargo, nada ha cambiado con respecto a la naturaleza o la necesidad de escuelas cristianas para los hijos del pacto.

La decisión de la Reformed Free Publishing Association [Asociación libre de publicación reformada] de publicar el libro obligó a una edición exhaustiva de la publicación original (1977), que no era simplemente la colocación de portadas alrededor de las conferencias originales. La tarea de edición despertó una fuerte tentación de ampliar el tratamiento del tema. ¡Cuán escasa, por ejemplo, es la explicación en el capítulo 1 del pacto de gracia con los creyentes y sus hijos! ¡Y cuánto más podría decir hoy, positiva y negativamente, sobre una cosmovisión reformada en el capítulo 3! Con cierto pesar, resistí la tentación. Una expansión habría producido un libro de tal volumen que restaría utilidad y atractivo a la obra. He tratado de compensar algo de la carencia remitiendo al lector a otros escritos, incluido el mío, que desarrollan el breve tratamiento de este volumen de ciertas verdades importantes.

Hay alguna revisión. La más significativa es la adición de una sección que analiza el reciente movimiento de educación en el hogar. El análisis pretende dar una dirección clara a los padres reformados que se preguntan si la educación en el hogar es una opción válida.

Una palabra de explicación es necesaria de por qué el libro no sólo habla de la educación "cristiana" y de Educación "reformada", pero también de educación Protestante Reformada". Sin duda, la referencia exclusiva a la educación cristiana ampliaría la audiencia del libro. Y quiero hablar con tantos como sea posible sobre este tema vital y oportuno de la crianza piadosa y bíblica de los niños del pacto en la escuela. Sin embargo, se mantiene el uso ocasional de Protestante Reformada. La razón no es en absoluto parroquial y estrecha. Aunque el alcance del libro es la larga tradición y la plena realidad de la educación cristiana, su contexto específico es el esfuerzo concreto para establecer y mantener buenas escuelas cristianas por parte de los miembros de las Iglesias Protestantes Reformadas. El mini-curso fue patrocinado originalmente por la Federación de Sociedades Escolares Protestantes Reformadas para el beneficio de un grupo de maestros de escuelas Protestantes Reformadas. En este movimiento educativo específico, vivo y distintivo, hay algo instructivo para todos los que consideran las escuelas cristianas como un llamado. Ciertamente, ningún maestro cristiano llamado por Dios para enseñar a los hijos del pacto se encontrará excluido en el capítulo sobre "El Maestro Protestante Reformado".

Que el Señor Jesucristo, quien dijo que su reino incluye a los hijos pequeños de los temerosos de Dios, use este libro para promover su educación cristiana, reformada y de pacto.

DAVID J. ENGELSMA

Capítulo 1
La base del pacto de
la educación cristiana

y las repetirás a tus hijos, y hablarás de ellas estando en tu casa, y andando
por el camino, y al acostarte, y cuando te levantes. — Deuteronomio 6:7

En este capítulo inicial, considero la base de la educación cristiana en la escuela diurna. Respondo a la pregunta: "¿Por qué mantenemos escuelas cristianas?" Al mismo tiempo, respondo a la pregunta: "¿Qué estamos haciendo realmente en esta educación?" Quiero mostrar que la base es el pacto de Dios, el único pacto de gracia tanto en el Antiguo como en el Nuevo Testamento, y que, por lo tanto, la educación cristiana es, y debe ser, en todo momento, pactual.

La totalidad de la educación cristiana reformada está realmente contenida en esta verdad y puede ser subsumida bajo el título del pacto de Dios, así como toda la doctrina está realmente incluida en la teología, y todo el Catecismo de Heidelberg está incluido en su primera pregunta. Debo tener cuidado aquí de no seguir el ejemplo del notorio predicador reformado que predicó unos setenta sermones sobre el Primer Día del Señor del Catecismo, agotando así el Catecismo — y a sí mismo — antes de que él viniera al Segundo Día del Señor. Desarrollaré algunas de las implicaciones de la base del pacto de la educación cristiana en este capítulo y pospondré el tratamiento de otras para capítulos posteriores.

Puede ser bueno notar al principio que yo uso los términos "educación cristiana", "educación reformada" y "educación reformada protestante" indistintamente en este libro, ya que para mí todos son uno.

Es de suma importancia que haya conocimiento entre nosotros de las bases de la educación cristiana. Por "conocimiento" se entiende el conocimiento de convicción. Tanto los padres como los maestros deben conocer la base. ¡Todo el esfuerzo de la educación cristiana depende de ello! Y un gran esfuerzo es en términos de tiempo, dinero, energía y lucha. Especialmente cuando las cosas se ponen difíciles, el conocimiento de la base es crucial. Es crucial para los padres que deben sacrificarse para pagar la colegiatura. Es crucial para los maestros que pueden tener cargas de trabajo pesadas, sufrir ingratitud y críticas y, en algunos casos, recibir poco más que nada. Es crucial para los consejos escolares cuando luchan con problemas complicados y se involucran en conflictos dolorosos.

Además, la base determina la naturaleza de la instrucción de la escuela cristiana. De hecho, determina todos los aspectos de la escuela. Se debe permitir que dé forma a todo. Debemos ser fieles a la base. Debemos ser "radicales", definido como volver a la raíz. Las asociaciones, los consejos escolares, los administradores y los maestros deben responder a todas las preguntas a la luz de la base y deben tomar todas las decisiones de acuerdo con esa base. Toda instrucción, desde el ejercicio corporal hasta la geometría, debe estar fundada y moldeada por esa base. Tampoco podemos ser reacios a examinar todo nuestro sistema desde el punto de vista de la base: calificaciones y la manera de calificar, valores y énfasis, materias y métodos de enseñanza. Ser reformado es estar constantemente reformando. Ciertamente no podemos aceptar acríticamente los "procedimientos estándar" de la educación, ya sea en el mundo o entre otros cristianos.

Otra razón por la que es necesario conocer las bases de la educación cristiana es que hoy se proponen otras bases. Esto lo hacen los grupos fundamentalistas-evangelísticos, los humanistas "reformados" y el movimiento en América del Norte que hoy está asociado con el Instituto de Estudios Cristianos (ICS, por sus siglas en Inglés) en Toronto, Canadá, que anteriormente se llamaba a sí mismo la Asociación para el Avance de la Erudición Cristiana

(AACS, por sus siglas en Inglés). Debemos ser capaces de resistir estas filosofías educativas. Debemos tener escuelas cristianas reformadas que se funden sobre una base distinta a las que proponen estos movimientos.

Para muchos, el tema de la base de la educación cristiana en el pacto es conocido. Esto no significa que nuestro estudio repetitivo del mismo sea innecesario. El educador holandés T. van der Kooy nos da una advertencia:

> Si en la maraña de nuestros estudios y actividades rutinarias no nos dedicamos, aunque sea sólo ocasionalmente, a la consideración de los principios educativos, existe un gran peligro de que el entusiasmo que en un momento se sintió por los principios reformados, finalmente se extinga. Y entonces, también, el peligro no es menos real de que nos perdamos en un cristianismo superficial; que miremos con desprecio todo argumento sobre los principios, y en la práctica cantemos las alabanzas de un cristianismo por encima de todos los credos. Es incuestionable que entonces nuestro movimiento escolar cristiano recibiría un golpe mortal. O resultaría en un conservadurismo frío y petrificado, una subsistencia del capital adquirido en el pasado, sin contacto renovado con la vida contemporánea.[1]

La base explicada

El pacto es la relación de amistad entre Dios y su pueblo en Jesucristo. Es una relación vibrante de conocimiento mutuo y amor, representada en las Escrituras, no como un contrato sin vida, sino como un matrimonio, o como una relación padre-hijo. Para no-

---

[1] *T. van der Kooy, The Distinctive Features of the Christian School [Las características distintivas de la escuela cristiana]. Trad. tres miembros de la facultad del Calvin College (Grand Rapids, MI: Wm.B. Eerdmans Publishing Co., 1925), 14.*

sotros, hombres, mujeres y niños, es el disfrute de la salvación y de la vida misma. Es el bien más grande, el fin principal del hombre y el propósito tanto de la creación como de la redención.

En el pacto, Dios es nuestro Dios, y nosotros somos sus amigos-siervos. Esto implica que tenemos un llamamiento en el pacto, que tenemos trabajo que hacer. El llamado es: ama a Jehová tu Dios, sírvelo y glorifícalo. Esto no es algo que se agrega arbitrariamente al pacto, sino que es una parte integral del pacto mismo, así como la sumisión y ayuda de una esposa a su esposo es una parte integral del matrimonio y como un hijo haciendo la voluntad de su padre es una parte integral de la relación padre-hijo. Nuestro desempeño de nuestro llamado, por gracia, es la plenitud del hombre, lo que significa ser verdadera y plenamente hombre. Es, según la traducción literal de Eclesiastés 12:13, "el todo del hombre". Esta es una actividad deliciosa y alegre, el trabajo por el cual comemos. "Bienaventurado el varón... que en la ley de Jehová está su delicia, Y en su ley medita de día y de noche" (Sal. 1:1, 2).

El pacto de Dios es cósmico. Se extiende a, y trae a su alcance, toda la creación de Dios y todas las criaturas en la creación, consideradas orgánicamente. Este es un aspecto del pacto que es de la mayor importancia para la educación cristiana en la escuela diurna en virtud del hecho de que la escuela cristiana da instrucción sobre toda la creación. El carácter cósmico del pacto es una verdad que no está suficientemente enfatizada, explicada o comprendida entre nosotros. Por lo general, surge de una manera apologética y negativa cuando (con razón) argumentamos que el "mundo" de Juan 3:16 no es "todos los hombres" y cuando (con razón) argumentamos que el pacto de Génesis 9 no es un pacto de "gracia común". Es necesario un desarrollo positivo de la verdad del pacto cósmico por derecho propio y una aplicación de esta a la vida reformada en general y a la educación cristiana en particular.

Dios ha establecido su pacto con Cristo, no sólo (aunque principalmente) como cabeza de la iglesia elegida, sino también como cabeza de la creación. Cristo es aquel en quien, según el misterio de la voluntad eterna de Dios, todas las cosas en el cielo y en la tierra deben reunirse (Ef. 1:9, 10). Cristo es aquel por quien y para quien todas las cosas fueron creadas y por quien todas las cosas subsisten (Col. 1:16, 17; la traducción literal es "y todas las cosas en él cohesionan"). En Cristo, el pacto se establece con la creación misma, o el universo, podríamos decir. Esta es la enseñanza explícita de Génesis 9 y de Romanos 8:18-22: el pacto de Dios es con la tierra y con toda criatura viviente, y la creación misma compartirá la gloriosa libertad de los hijos de Dios. Esta es una razón sólida por la que un hombre reformado no puede renunciar al mundo creado para cultivar exclusivamente la vida de su alma. La creación no sólo es la esfera de operaciones para el amor de Dios y la salvación de nosotros, y para nuestro amor y servicio a Dios, sino que también hay una relación entre Dios y la creación. Dios conoce y ama a Su creación, y la creación conoce y ama a su Dios, no aparte del hombre, sino a través *del* hombre, Jesucristo, el último Adán.

Otro aspecto esencial del pacto es que Dios establece de gracia su pacto con los creyentes y sus hijos en la línea de las generaciones continuas. Este es un elemento fundamental del pacto en ambos testamentos. Es el "camino divino del pacto en la historia". Al igual que el pacto en su conjunto, este aspecto se basa en el ser de Dios. El pacto, como vínculo de compañerismo, refleja la vida trina de Dios: la comunión viva de conocimiento y amor del Padre y del Hijo en el Espíritu. Que el pacto corra en la línea de generaciones refleja la paternidad y la filiación de Dios en sí mismo. El hecho de que la promesa del pacto se refiera a los hijos elegidos de los creyentes, y que no todos sus hijos sean recibidos por Gracia por Dios en el pacto, no derroca la verdad misma, no resta valor al gran significado de la verdad y no afecta el llamado de que los padres tienen que enseñar a *todos* sus hijos.[2]

---

[2] *Para una descripción más detallada del pacto de gracia y el lugar en él de los hijos de padres piadosos, véase David J. Engelsma, " The Covenant of God and the Children of Believers [El pacto de Dios y los hijos de los creyentes]" (South Holland, IL.: Evangelism Committee of the Protestant Reformed Church, 1990) y Herman Hoeksema, Believers and Their Seed: Children in the Covenant [Los creyentes y su simiente: Los hijos en el pacto], rev. ed. (Grandville, MI: Reformed Free Publishing Association, 1997). Sobre la fuente y el modelo del pacto en el ser trino de Dios como compañero de familia, véase David J. Engelsma, Trinity and Covenant: God as Holy Family [Trinidad y Pacto: Dios como Sagrada Familia] (Jenison, MI: Reformed Free Publishing Association, 2006).*

El lugar de la escuela en este pacto

Dios ordena a los padres creyentes que críen a sus hijos en la educación y amonestación del Señor Jesucristo, que enseñen "diligentemente" todas las palabras que llevan a los niños al temor del Señor (Ef. 6:4, Dt. 6:1–9). Por un lado, esta instrucción de sus hijos es una de las responsabilidades sobresalientes del pacto de los padres, es decir, un aspecto de su llamado como amigos-siervos de Dios para amar, servir y glorificar a Dios. Por otro lado, es el medio por el cual Dios lleva al niño del pacto renacido a la madurez espiritual para que él o ella se convierta en un hombre o mujer de Dios desarrollado, capaz de una vida de buenas obras.

La escuela cristiana es una asociación de padres creyentes que llevan a cabo una parte significativa de este llamado de Dios para criar a los niños a través de un creyente [maestro] de ideas afines, que es llamado por Dios a esta tarea vital y capaz de la instrucción que pertenece específicamente a la escuela. El Dr. H. Bouwman ha descrito el origen de la escuela así:

> Y de acuerdo con la expansión de la humanidad, y que la necesidad de desarrollo intelectual creció, los padres sintieron que no podían cumplir con la tarea de criar e instruir por sí mismos, y buscaron ayuda. En poco tiempo, los padres formaron una asociación con el fin de designar conjuntamente a uno para criar e instruir (*een opvoeder en onderwijzer*) y, con esto, nació la escuela.[3]

La escuela cristiana, por lo tanto, surge del pacto de gracia. Es, de hecho, una *Demanda* de ese pacto.

Tanto las Escrituras como las confesiones reformadas expresan esta demanda del pacto. Se encuentra en Deuteronomio 6: "y las repetirás a tus hijos" (v. 7); en el Salmo 78: "Él estableció testimonio en Jacob, Y puso ley en Israel, La cual mandó a nues-

---

[3] *H. Bouwman, "Scholen", en Gereformeerd Kerkrecht, vol. 1 (Kampen, Países Bajos: J. H. Kok, 1928), 518. La traducción del holandés es del autor.*

tros padres Que la notificasen a sus hijos; Para que lo sepa la generación venidera, y los hijos que nacerán; Y los que se levantarán lo cuenten a sus hijos" (vv. 5–6); y en Efesios 6: "Y vosotros, padres, no provoquéis a ira a vuestros hijos, sino criadlos en disciplina y amonestación del Señor" (v. 4). El voto del Formulario [Reformado] para la Administración del Bautismo obliga a los padres "a ver que estos niños... sean instruidos y educados en la doctrina antes mencionada, o ayudarlos o hacer que sean instruidos en ella, al máximo de... [su] poder". La oración de acción de gracias suplica a Dios que los niños bautizados "sean educados piadosa y religiosamente".[4]

El artículo 21 de la Orden de la Iglesia de Dordt requiere que los consistorios se aseguren de que haya "buenas escuelas cristianas en las que los padres instruyan a sus hijos de acuerdo con las demandas del pacto".[5] El artículo 41 estipula que una de las preguntas que se formulen al consistorio en cada reunión de clase será: "¿son los pobres y las escuelas cristianas cuidadas?"[6]

En su tratamiento de la relación padre-hijo como se enseña en el quinto mandamiento, el Catecismo de Heidelberg habla de la "buena instrucción y corrección" de los padres.[6]

[4] *Form for the Administration of Baptism [Formulario para la Administración del Bautismo], in The Confessions and the Church Order of the Protestant Reformed Churches (Grandville, MI: Protestant Reformed Churches in America, 2005), 260.*

[5] *Church Order of the Protestant Reformed Churches [Orden eclesiástica de as Iglesias protestantes reformadas], art. 21, en ibíd., 387.*

[6] *Orden eclesiástica de las iglesias protestantes reformadas, art. 41, en ibíd., 393.*

[6] *Heidelberg Catechism [Catecismo de Heidelberg], A 104, en Philip Schaff, ed., Creeds of Christendom with a History and Critical Notes [Credos de la cristiandad con una historia y notas críticas], 6ta ed., 3 vols. (Nueva York: Harper and Row, 1931; reimpr., Grand Rapids, MI: Baker Books, 2007), 3:587*

La base del pacto defendida

La base del pacto de la educación cristiana es atacada por los intentos de poner otras bases bajo la escuela cristiana. Hay varios intentos de este tipo. Existe la base de la insatisfacción con las escuelas públicas: oposición a la integración; miedo a los males morales que infectan las escuelas públicas, como las drogas, la violencia, las malas palabras y la inmundicia sexual; y la comprensión de que la educación es pobre y la disciplina casi inexistente. Fue maravilloso contemplar cuántas personas de repente "se pusieron del lado de la religión" con respecto a la educación cristiana tan pronto como el gobierno forzó la integración en sus escuelas.

Más significativa es la base del evangelismo. La escuela existe para salvar a los niños. Esta es la base de las escuelas de los fundamentalistas y carismáticos.

Otra base, generalmente estrechamente asociada con la del evangelismo, es la reforma social. La escuela existe para mejorar o renovar la sociedad. Esto tiene diferentes formas. Antes del colapso del comunismo, había escuelas que existían para luchar contra el comunismo con la política de derecha. En esas escuelas había un fuerte énfasis en el patriotismo. Hay escuelas dominadas por calvinistas apóstatas y nominales que han reducido el calvinismo a un medio de mejora social. Suponen que las escuelas cristianas reformadas existen para producir hombres y mujeres que aliviarán los males de este mundo. Esencialmente, la posición de ellos es la posición del humanismo. También hay escuelas controladas por el sueño de varios postmilenialistas (referido por ellos como una "visión"). Estas escuelas descansan sobre la base de la determinación de hacer un gran reino terrenal.

Luego está la base de inculcar la doctrina de la iglesia y retener a los niños para la iglesia. Este ha sido a menudo el motivo detrás de las escuelas parroquiales, por ejemplo, las escuelas católicas romanas.

El rechazo de estas nociones como bases de la educación cristiana no implica el rechazo de todas las ideas que contienen.

Ciertamente insistimos en la separación de nuestros hijos de los amigos malvados y las formas de vida corruptas en las escuelas estatales. Esto es inherente al pacto. Nuestros hijos se distinguen de los hijos del mundo por el bautismo, la señal del pacto. Ciertamente requerimos que nuestros hijos caminen rectamente en la sociedad, lo que incluye que se sometan a nuestro gobierno como un poder ordenado por Dios (Ro. 13). Ciertamente enseñamos a nuestros hijos a aborrecer el comunismo ateo y materialista. Ciertamente deseamos que nuestros hijos tengan una buena educación, la mejor posible; desarrollen al máximo sus habilidades; y se preparen para ocupar su lugar en la vida, de acuerdo con sus llamados. Es simplemente parte del pacto que los hijos son de Dios y deben servirle con todo lo que son y todo lo que tienen. Ciertamente su educación debe estar de acuerdo con la doctrina de las Iglesias Protestantes Reformadas y servirá al bienestar de estas iglesias. Aunque la educación no debe evangelizar a los niños como pequeños paganos no regenerados, ciertamente no está divorciada de su salvación, no si es educación del pacto.

Pero ninguna de estas verdades es la *base* de la educación cristiana. La escuela cristiana no se basa en un negativo: el mal de las escuelas estatales. La escuela cristiana no evangeliza; sólo la iglesia lo hace. Las escuelas cristianas no existen para reformar la sociedad; es un A-B-C de la religión reformada que la sociedad es irreformablemente depravada, reservada para la destrucción ardiente. Tampoco existen escuelas cristianas para que la élite intelectual promueva la arrogancia embriagadora.

Es necesario un repudio firme y bien informado de los ataques sobre la base del pacto de la educación cristiana. Es necesario, primero, para que el pueblo de Dios continúe apoderándose de la causa de la educación cristiana, la apoye celosamente y la mantenga en las buenas y en las malas. El fracaso de Hodge, Machen y otros presbiterianos de ver claramente que la base de la educación cristiana es el pacto bien puede haber sido la razón por la que la educación cristiana nunca despegó entre los presbiterianos. Los líderes presbiterianos ciertamente abogaban por las escuelas cristianas. Pero fundamentaron las escuelas cristianas en un cierto conflicto con la sociedad, por un lado, y en una cierta ayuda de la sociedad, por otro lado. Este terreno resultó ser inadecuado para mantener un vigoroso movimiento escolar cristiano entre los presbiterianos. El repudio de los ataques es necesario, en segundo lugar, para que no nos desviemos de perseguir fielmente la verdadera tarea de la educación cristiana.

La base del pacto no solo es atacada indirectamente por aquellos que abogan por otra base, sino que también es atacada directamente por aquellos que se oponen a la educación cristiana. Están los cristianos profesantes que niegan que el pacto requiera escuelas cristianas. Cómo son capaces de mantener su negación frente al carácter obviamente impío de la enseñanza, la disciplina y la vida en las escuelas del estado hoy en día es un misterio, pero lo mantienen. Esta negación de la necesidad de escuelas cristianas fue explícita, oficial y (presumiblemente) desvergonzadamente hecha por la Iglesia Reformada de América (RCA) y por la Iglesia Presbiteriana en los Estados Unidos en su sínodo y asamblea general, respectivamente, en 1957. La antipatía de la RCA hacia las escuelas cristianas es notoria. Me di cuenta de esto mientras me preparaba para las conferencias que resultaron en este libro. Mientras revisaba algunos libros básicos sobre educación cristiana de una biblioteca universitaria cristiana en el oeste de Michigan, la bibliotecaria me preguntó quién era. Cuando le dije que yo era un ministro protestante reformado, ella comentó: "Sabía que no eras un ministro Reformado [de la CRC], porque ellos nunca leerían este tipo de libro".

El cuestionamiento de la base del pacto de la escuela cristiana no es del todo desconocido en nuestros propios círculos. Algunos no pueden ver que las escuelas cristianas son necesarias. Piensan que un buen entrenamiento en el hogar y una buena instrucción por parte de la iglesia son suficientes y que estos agotan la demanda del pacto.

Nuestra defensa de la educación cristiana toma la forma, en primer lugar, de señalar la historia del celo de los padres cristianos por las escuelas cristianas, especialmente la historia de tal celo por parte de los padres reformados. Toda la instrucción de los niños, tanto en el Antiguo como en el Nuevo Testamento, instrucción no sólo en asuntos espirituales, sino también en asuntos terrenales, era instrucción piadosa. Los primeros cristianos postapostólicos insistieron en las escuelas cristianas durante el reinado del emperador Juliano el Apóstata, quien intentó paganizar todas las escuelas del Imperio Romano. Edward Gibbon nos dice que durante la persecución del emperador Juliano: "A los cristianos se les prohibió *directamente* enseñar, indirectamente se les prohibió aprender; ya que no frecuentaban las escuelas de los paganos".[7] Las escuelas de la Edad Media eran escuelas cristianas. La Reforma unánimemente pidió y estableció escuelas cristianas.[8][9] Desde el comienzo de la historia, los holandeses reformados se esforzaron en favor de la educación cristiana. Ya en 1574, un sínodo reformado llamó a los predicadores a asegurarse de que hubiera buenos "*directores escolares*" cristianos. [10]

La voluntad actual de los padres cristianos de permitir que sus hijos sean educados en escuelas no cristianas (en realidad, anticristianas) es una novedad. Este fue el juicio del teólogo presbiteriano Charles Hodge:

> Todo el sistema [de educación en las escuelas públicas] está en manos de los hombres del mundo, en muchos de nuestros estados, y es declaradamente secular. Ahora bien, con respecto a este esquema, se puede señalar que es un experimento novedoso y temeroso. La idea de dar una educación a los niños de un país del que la

---

[7] *Edward Gibbon, The Decline and Fall of the Roman Empire [La decadencia y caída del Imperio Romano], vol. 1 (Nueva York: The Modern Library, 1960), pág. 783.*

[8] *[On the Reformation and Christian schools] Sobre la Reforma y las escuelas cristianas, véase F.V.N. Painter, Luther on Education [Lutero sobre la educación] (San Luis: Editorial Concordia),*

[9] *y David J. Engelsma, " The Concern of the Reformation for Christian Education [La preocupación de la Reforma por la educación cristiana]", Standard Bearer 47 (1 de octubre de 1970): 20–22; 47 (1 de noviembre de 1970): 58–59; 47 (1 de diciembre de 1970): 110–12; 47 (15 de enero, 1971): 180–82; 47 (1 de febrero de 1971): 213–14; 47 (1 de marzo de 1971): 257–59; 48 (1 de octubre de 1971): 11–13; 48 (1 de noviembre de 1971): 61–62; 48 (1 de enero de 1972): 153–55; y 48 (15 de abril de 1972): 329–32.*

[10] *Bouwman, Gereformeerd Kerkrecht, vol. 1, 517 y ss.*

religión debe ser excluida, creemos que es peculiar del siglo XIX. Una vez más, es obvio que la educación sin religión es irreligiosa. No puede ser neutral y de hecho no lo es. El esfuerzo por mantener la religión fuera de todos los libros y todas las instrucciones les da necesariamente un carácter irreligioso e infiel.[11]

En segundo lugar, en defensa de la educación cristiana está el hecho obvio del carácter impío y anticristiano de la educación en las escuelas públicas. No solo hay un ambiente sin ley, una falta de disciplina y una instrucción falsa y demoníaca (evolucionismo, humanismo, hedonismo), sino que también hay un esfuerzo concertado para moldear a los niños en un cierto tipo de hombre y mujer y construir un cierto tipo de reino. Este hombre *no* es el hombre de Dios completamente preparado para toda buena obra, y este reino *no* es el reino de Dios.

La tercera defensa de la educación cristiana es el mandato del pacto mismo. El mandamiento del pacto es absolutamente abarcador: el hijo debe ser criado enteramente en la educación y amonestación del único Señor de toda vida. Implícito es que toda la verdad es religiosa. También las verdades de la creación deben ser enseñadas y aprendidas a la luz de las Sagradas Escrituras y en su relación con Dios y su Cristo. Como escribió Herman Hoeksema, contra la objeción de que las escuelas cristianas eran innecesarias,

El Señor nuestro Dios es un solo Señor. Él es Señor, Señor sobre todo, Señor sobre cada esfera de la vida. Sus preceptos no pueden ser excluidos de ninguna esfera. Por lo tanto, Israel tuvo que educar a Sus hijos sólo en Sus preceptos. No en una parte de la vida los preceptos del Señor, y en otra parte estos preceptos excluidos, sino en toda la vida estos preceptos reconocidos. Y así también con nuestra preparación para esa vida. No

---

[11] *Charles Hodge, "Parochial Schools [Escuelas Parroquiales]", en La Iglesia y su política (Londres: Thomas Nelson and Sons, 1879), 452. Nota. La traducción aquí es directa de la versión en inglés.*

los preceptos del Señor en una parte de la educación y otra parte nada que ver con esta ley de Dios. Sino toda nuestra educación impregnada de los preceptos del Señor... La religión no debe ser algo añadido a nuestra vida, sino que debe ser el corazón de nuestra vida. La religión no debe ser algo que se agregue a nuestra educación, sino que debe ser el corazón de nuestra educación. Los preceptos del Señor deben ser la base de la cual debe proceder toda nuestra educación.[12]

A este respecto, podemos considerar la pregunta que a veces surge, si el pacto requiere escuelas Protestantes Reformadas. ¿Podemos estar satisfechos con las escuelas cristianas existentes, que, en su mayor parte, en lo que a nosotros respecta, son las escuelas Cristianas Reformadas? ¿Cumplen adecuadamente la demanda del pacto para nosotros de modo que la carga ciertamente pesada de establecer nuestras propias escuelas no esté justificada?

El pacto requiere de nosotros que establezcamos escuelas Protestantes Reformadas al máximo de nuestro poder. Debemos defender la base pactual de las escuelas protestantes reformadas. Hay, en primer lugar, el hecho obvio del alarmante deterioro de las escuelas Cristianas Reformadas, desde la parte superior (universidad) hasta la parte inferior (jardín de niños). La instrucción misma está corrompida por la crítica de la Sagrada Escritura y la aprobación de la evolución teísta; la atmósfera ética está contaminada por la promoción de películas y dramas; y el propósito mismo de la educación de nuestros hijos se pervierte al convertirlos en reformadores sociales, —y eso, de la franja "liberal", o la gente del reino del Instituto de Estudios Cristianos (ICS por sus siglas en inglés)—. Incluso si estos males no estuvieran presentes, las escuelas cristianas reformadas serían insatisfactorias debido a su falta de instrucción fuerte, sólida, distintiva, positiva y reformada. Estas escuelas parecen estar avergonzadas por los principios

---

[12] *Herman Hoeksema, " Christian Education", Standard Bearer 3 (1 de septiembre de 1927), pág. 536.*

históricos y reformados establecidos en los credos reformados.

Pero nuestra defensa de las bases de nuestras escuelas es *positiva*. Tenemos el llamado a criar a nuestros hijos en "la doctrina antes mencionada", es decir, la fe reformada pura transmitida a las Iglesias Reformadas Protestantes y desarrollada por ellas. Sólo los maestros protestantes reformados, bajo la supervisión de un consejo escolar protestante reformada, pueden llevar a cabo satisfactoriamente este mandato.

La Iglesia Cristiana Reformada se ha comprometido a sí misma, en su doctrina de gracia común, a principios que subvierten la educación reformada y pactual. La soberanía de Dios está diluida, tanto en la historia de la salvación como en la historia del mundo. La historia del mundo es vista no en términos de la gracia de Dios (para la iglesia) y la ira de Dios (para el mundo malvado), sino en términos de favor universal. El hijo de Dios es alentado a vivir en el mundo sobre la base de la gracia común, en lugar de sobre la base de la gracia de Dios en Cristo. Por lo tanto, su vida como amigo del pacto de Dios se ve socavada. La antítesis es abolida, y la cultura de los impíos se traga a los hijos de Dios. La doctrina de la gracia común es destructiva de la educación cristiana.

Educación en el hogar

La educación en el hogar no es una opción para los padres que tienen acceso a una buena escuela cristiana o que son capaces, con otros, de establecer una. El muy reciente movimiento de educación en el hogar en América del Norte no surgió del pacto entre los santos reformados, como lo hicieron las escuelas cristianas. Su origen fue la insatisfacción de los padres *incrédulos* con la educación y la seguridad física de las escuelas estatales. Los evangélicos y los fundamentalistas, que hasta entonces habían utilizado alegremente las escuelas estatales, se apresuraron a seguir su ejemplo.

Con una rara excepción, los padres no tienen el tiempo para dar una educación buena, sólida y completa en artes liberales a sus hijos. Mantener a su familia y al reino de Cristo es un trabajo de tiempo completo para el esposo y el padre. También lo es el cumplimiento por parte de la madre de su llamado a administrar y cuidar el hogar.

Tampoco la mayoría de los padres tiene la capacidad de enseñar a sus hijos las materias del plan de estudios de la escuela primaria y secundaria. Los cristianos reformados no han sido fatuos durante los últimos cientos de años cuando requirieron una capacitación rigurosa de aquellos que serían maestros de escuela cristianos. Para enseñar las materias que los niños deben conocer para vivir y trabajar en la sociedad norteamericana en el siglo XXI, uno debe conocer tanto el material como la forma correcta de impartir la verdad y el contenido del material a los niños. Esto exige un estudio formal, concentrado y disciplinado. En la escuela cristiana, cada niño puede beneficiarse del aprendizaje y la capacidad de un número de maestros que han sido así entrenados: el aprendizaje de este maestro en matemáticas, el aprendizaje del otro en ciencias y el aprendizaje del otro en historia.

La falta de conocimiento por parte de los padres que educan en el hogar de muchas, si no la mayoría, de las materias que se enseñan en la escuela hace que dependan en gran medida de los materiales educativos, kits y programas producidos por varias compañías para este propósito. Pero estas compañías rara vez, o nunca, son reformadas en teología. Ciertamente no son Protestantes Reformados. Ahora el peligro se vuelve real de que los niños, de hecho, reciban una educación bautista, o una educación fundamentalista, dispensacionalista, o una educación reconstruccionista ("Make America Christian"), o una educación políticamente derechista.

También existe una amenaza para los niños educados en el hogar en el asunto vital de su compañía. Los niños necesitan amigos. Tendrán amigos. La única pregunta es: "¿A quiénes tendrán como amigos?" El niño educado en el hogar es removido de la buena escuela cristiana, que siempre ha sido un centro de las amistades piadosas que los padres creyentes desean ardientemente para sus hijos. Luego, el niño educado en el hogar es invariablemente puesto en contacto cercano con otros niños educados en el hogar, incluso la educación de la educación en el hogar requiere excursiones, música, deportes y, a menudo, clases en las que muchos estudiantes estudien juntos bajo un maestro con competencia en un campo determinado. Hay compañerismo con otros niños. Pero el principio de la comunión del niño no es la membresía mutua en el pacto, la unidad en la fe reformada o la membresía común en la verdadera iglesia. Más bien, el principio es el acuerdo en la educación en el hogar, independientemente del pacto, la fe y la iglesia. Esto es tan intolerable como la enseñanza no reformada.

A pesar de que la educación en el hogar de los hijos podría ser posible para unos pocos, especialmente los padres dotados cuyas circunstancias proporcionan el tiempo que se necesita, la educación en el hogar todavía no es una opción. En el pacto todos deben trabajar juntos para establecer y mantener buenas escuelas cristianas para el beneficio de todos los padres e hijos de la comunidad del pacto. Mantener estas escuelas es una lucha difícil. Nuestros números son pequeños. Nuestros recursos financieros son limitados. Nuestros maestros todavía no reciben los salarios que deberían tener. Cuando algunos padres se retiran a la educación en el hogar, la causa sufre. La pregunta para los padres no debería ser: "¿Qué podemos hacer los dos para la enseñanza de nuestros propios hijos en la actualidad?" En cambio, la pregunta debería ser: "¿Qué es bueno, no sólo para nuestros hijos, sino también para toda la comunidad del pacto de la que formamos parte?" Debemos preocuparnos de que haya una buena educación cristiana para *todos* los niños.

El pensamiento del pacto tiene en cuenta el bien futuro de las generaciones venideras. Tal vez podamos educar adecuadamente a nuestros hijos en casa. Pero ¿podrán nuestros hijos educar a *sus* hijos, nuestros nietos, en casa? ¿No deberíamos hacer todo lo que esté a nuestro alcance ahora para asegurar que habrá buenas escuelas cristianas para los hijos de nuestros hijos en los años venideros?

El artículo 21 de la Orden de la Iglesia de Dordt tiene razón, todavía hoy, cuando insiste en que la *demanda* del pacto de la educación cristiana requiere buenas escuelas cristianas y el uso de ellas por parte de los padres reformados. Y los consistorios se encargarán de ello.

La base del Pacto aplicada

Si la base de la educación cristiana es el pacto, se deduce que la escuela cristiana es y debe ser parental. El pacto de Dios es con los padres creyentes y sus hijos, y el mandamiento de Dios de criar a los hijos llega a los padres. El estado debe mantenerse fuera por completo. No tiene ni el mandato ni la capacidad de llevar a cabo el mandato. La cuña, por supuesto, por la cual el estado siempre intenta entrometerse en la escuela es el apoyo financiero. Al estado que ofrece ayuda, debemos responder como Zorobabel y Jesúa hicieron a sus astutos enemigos en Esdras 4:3: "No nos conviene edificar con vosotros casa a nuestro Dios, sino que nosotros solos la edificaremos a Jehová Dios de Israel". Hacemos bien en recordar que fue la dependencia del estado lo que significó la perdición del noble movimiento de Lutero para la educación cristiana. Al permanecer libres del estado, podemos muy bien mantener nuestras escuelas hasta el tiempo del Anticristo. A partir de entonces, el tiempo será corto.

El parroquialismo también debe evitarse. El peligro no es tanto que una iglesia en apostasía también corrompa las escuelas, porque inevitablemente una iglesia en decadencia corrompe incluso las escuelas libres de sus miembros. Pero el peligro es que los padres simplemente "dejen que la iglesia instituida haga todo". Es posible que el parroquialismo contribuyera al fracaso del movimiento escolar cristiano entre los presbiterianos ortodoxos en la década de 1800 y principios de 1900.

Esto de ninguna manera implica que se permita que la responsabilidad financiera total recaiga sobre los padres cuyos hijos están en las escuelas en un momento dado. En el pacto, los abuelos tienen la responsabilidad y el deleite de criar a sus nietos. Las parejas casadas jóvenes e incluso los jóvenes desean que la escuela esté disponible cuando sus hijos están en edad escolar. De hecho, todas las personas del pacto deben interesarse en este aspecto básico del pacto de Dios.

De la base del pacto también se deduce que la escuela es para los hijos del pacto. Los hijos fuera del pacto, hijos de padres incrédulos, no deben ser aceptados. A mi juicio, debemos aceptar niños de fuera de las Iglesias Protestantes Reformadas, e incluso de fuera de las denominaciones Reformadas, pero sólo con la condición de que los padres demuestren la verdadera fe en Cristo y estén motivados por el deseo de que su hijo reciba una educación cristiana.

La escuela es para *todos los* hijos del pacto. No es solo para los niños brillantes o con destino a la universidad. El carácter de pacto de la escuela exigiría que se prestara especial atención al estudiante inferior. En el reino, la ley es que "otorguemos un honor más abundante" a los miembros "menos dignos" del cuerpo (1 Co. 12:23).

¿Son nuestras escuelas para todos los niños? ¿O es la instrucción, la presión de las tareas, la calificación e incluso la actitud del maestro tal que algunos, tal vez incluso un porcentaje considerable, están virtualmente excluidos? En nuestras normas y procedimientos, o tal vez en nuestra adhesión a las normas del estado, ¿somos fieles a la base, al pacto de Dios, específicamente a su demanda de criar a *todos* los niños?

Esto no es una súplica para la educación vocacional para algunos, digamos en la escuela secundaria, porque sostengo que todos los niños deberían tener una educación completa en artes liberales, al menos hasta la escuela preparatoria. De hecho, advierto contra la dilución de esta educación cediendo al clamor por la formación profesional, ya sea en la escuela o fuera de ella. Gordon H. Clark critica con razón a muchas escuelas preparatorias públicas como "guarderías vocacionales glorificadas".[13]

De acuerdo con el hecho de que las escuelas son para los niños del pacto, el maestro debe ver y acercarse a los niños como hijos del pacto, es decir, como aquellos que están caídos en Adán, pero

---

[13] *Gordon H. Clark, A Christian Philosophy of Education [Una filosofía cristiana de la educación] (Grand Rapids, MI: Wm.B. Eerdmans Publishing Co., 1946), 155.*

santificados en Cristo, ¡aunque *imperfectamente*![14] Que no todos estén santificados no pesa en contra de esta medida cautelar. La diferencia que esta visión del estudiante hace para toda la educación, a diferencia de otros puntos de vista tomados en la educación, como la visión de Rousseau del niño como inherentemente bueno, la visión del modernista del niño como religiosamente indiferente y la visión fundamentalista del niño como un pagano para ser atraído a Cristo, es simplemente incalculable. Una implicación importante de esta visión del pacto del estudiante es que el maestro exige que el niño *se comporte* como un niño del pacto; se requiere disciplina. En el caso de los niños mayores, la expulsión de la escuela puede estar en orden, lo que luego debe ser seguido por la disciplina de la iglesia. La laxitud y el desorden están fuera de discusión.

Una aplicación final de la verdad de que la base es el pacto, una a la que volveremos, es que el maestro debe criar al niño en la educación de Cristo, enseñarle diligentemente las palabras de amor hacia Dios y criar al niño en el temor de Dios. Sin duda, el maestro hace esto de la manera apropiada para la esfera de la escuela. Pero debe hacer *esto*, porque la base misma de la escuela, y de su oficio, exige esta obra y nada menos: "y las repetirás a tus hijos".

---

[14] *On the Reformed approach to and view of the baptized young children of believers [Sobre el enfoque reformado y la visión de los hijos pequeños bautizados de los creyentes], véase Engelsma, " The Covenant of God [El Pacto de Dios]" y David J. Engelsma, "As a Father Pitieth His Children: Reformed Child-Rearing [Como un padre se compadece de sus hijos: crianza reformada de los hijos]" (Grand Rapids, MI: Comité de Evangelismo de la Primera Iglesia Protestante Reformada, reimpresión de 1998).*

Capítulo 2
Las Escrituras en las escuelas

Lámpara es a mis pies tu palabra, Y lumbrera a mi camino. — *Salmo 119:105*

La Sagrada Escritura tiene una posición fundamental en la escuela cristiana. La presencia de la Escritura hace que una escuela sea cristiana; sin las Escrituras, la educación no puede ser cristiana. La exclusión de la Escritura hace que la educación pública de hoy no sea meramente no cristiana sino anticristiana. Esta es la razón por la que los padres temerosos de Dios encuentran inaceptables las escuelas públicas. Con una visión característica, Lutero observó: "Temo mucho que las universidades sean puertas anchas del infierno, si no enseñan diligentemente las Sagradas Escrituras y las imprimen en los jóvenes".[15] Dios está presente en la Palabra, en la Sagrada Escritura. Desterrar la Palabra es desterrar a Dios, y desterrar a Dios es invitar al diablo. La necesidad de las escuelas cristianas reformadas, y específicamente de las escuelas cristianas Protestantes Reformadas, es la necesidad de que las Escrituras estén presentes en las escuelas en su poder pleno, rico e incorrupto.

La presencia de las Escrituras en la escuela está íntimamente relacionada con la base del pacto de la escuela. La actividad de criar hijos del pacto en la disciplina y amonestación de Cristo sólo se realiza por medio de la Escritura. Los preceptos de Jehová

---

[15] *Martín Lutero, "An Open Letter to the Christian Nobility of the German Nation concerning the Reform of the Christian Estate [Una carta abierta a la nobleza cristiana de la nación alemana sobre la reforma del estado cristiano]" [1520], en Tres tratados (Filadelfia: Muhlenberg Press, 1960), 100.*

que Deuteronomio 6 requiere que enseñemos a nuestros hijos se dan en las Escrituras. La disciplina del Señor de la que se habla en Efesios 6:4 está prescrita y definida por las Escrituras, y la amonestación del Señor se encuentra en las Escrituras. Nuestras escuelas son un aspecto de esa actividad descrita por el formulario de bautismo reformado como educar a los niños "en la doctrina antes mencionada", y esta actividad exige el uso de la Biblia. Dios, cuya obra es en última instancia la crianza, obra a través de la Palabra y es el amigo del pacto de los hijos en la Palabra. Por lo tanto, para que la educación del pacto tenga lugar, la Palabra debe estar presente en todas partes y siempre, y debe estar presente como aquello que reina supremamente.

Las Escrituras como la autoridad en la escuela

Se presupone la doctrina histórica, ortodoxa y reformada de las Escrituras. La Escritura es inspirada por Dios, inerrante, clara, suficiente, confiable y autoritativa en todo lo que contiene. Es la Palabra de Dios, dada por gracia a nosotros para ser "una lámpara" a nuestros pies, y "una lumbrera" a nuestro camino (Sal. 119:105). Es una lámpara también para nuestros pies educativos y una luz en nuestro camino en las escuelas.

Que esta sea la convicción sincera de toda una comunidad educativa, tanto maestros como padres, indica qué fuerza hay en nuestras escuelas cristianas Protestantes Reformadas, cuán preciosas deberían ser estas escuelas para nosotros y cuán agradecidos debemos estar con Dios por ellas. Muchas escuelas "cristianas" hoy en día están llenas de escepticismo (incredulidad) con respecto a la doctrina de las Escrituras. En virtud de este hecho, son cristianas sólo de nombre.

La doctrina ortodoxa y reformada de las Escrituras es la *condición sine qua non* para la educación cristiana, como lo es para la predicación del evangelio, la vida cristiana y, de hecho, toda actividad cristiana.

La existencia misma de la escuela depende de las Escrituras. Los padres temerosos de Dios leen en la Biblia el mandamiento de enseñar a sus hijos las palabras de Dios y de inclinarse ante la autoridad de la Biblia. De hecho, la Palabra poderosa misma crea esta sumisión y obediencia en nuestros corazones, y funda escuelas cristianas, como también lo hace en hogares cristianos e iglesias cristianas.

Las Escrituras también definen la educación cristiana. Jan Waterink tiene razón en que no podemos definir la educación cristiana de la escuela citando un cierto texto, como 2 Timoteo 3:17.[16] Sin embargo, debemos ser guiados por las Escrituras al definirla, especialmente por aquellos pasajes que tratan explícitamente de la educación de los hijos del pacto. A la luz de estos pasajes, podemos definir la educación cristiana de la siguiente manera: la educación cristiana es la crianza de los hijos del pacto a la madurez espiritual por padres creyentes a través de un compañero creyente capaz. Esto se hace, en la escuela cristiana, mediante la instrucción en todos los aspectos de la creación de Dios a la luz de la revelación de la Sagrada Escritura. Así, los niños se desarrollan y crecen para que puedan vivir toda su vida en el mundo como fieles, responsables amigos-siervos de Dios en obediencia a la voluntad de Dios y para el fin de la gloria de Dios.

Esto concuerda con la descripción de la educación cristiana de prominentes pensadores reformados. Según Herman Hoeksema, "Apuntarás en tu educación al hombre perfecto de Dios, conociendo la voluntad de su Dios para cada esfera de la vida y para cada paso que da en el camino de la vida...; definimos la educación... como la impartición al niño de conocimiento sobre su relación material y espiritual en el mundo".[17] Waterink da esta definición: "El guiar a los seres humanos de tal manera que ellos con sus talentos puedan servir correctamente a Dios, su Creador, en la sociedad en la que han sido colocados".[18] Cornelius Jaarsma ofrece esta defini-

---

[16] *Jan Waterink, Basic Concepts in Christian Pedagogy [Conceptos básicos en pedagogía Cristiana] (Grand Rapids, MI: Wm.B. Eerdmans Publishing Co., 1954), 37ss.*

[17] *Hoeksema, "Christian Education", pág. 532.*

[18] *Waterink, Basic Concepts, 110.*

ción: "La educación cristiana es la tarea del pacto por la cual un niño es criado hasta la madurez en la 'nueva obediencia'. Esta tarea debe realizarse a lo largo de las líneas de la naturaleza infantil según lo ordenado por Dios".[19]

Las Escrituras informan toda la instrucción dada en la escuela cristiana. Por "informan" quiero decir "da esencia a, es la cualidad característica de". Es la luz de Dios en la que vemos la luz. No se enseña nada que entre en conflicto con las Escrituras; sólo se enseña lo que está en armonía con ellas. La escuela cristiana no enseñará la evolución, incluyendo la evolución incipiente (la teoría del período y la evolución teísta); no enseñará el marxismo; no enseñará la nobleza inherente y la progresión ascendente en la historia de la humanidad; no enseñará las doctrinas "liberales" del derecho de revolución y el mal de la pena capital; y no enseñará la identificación "conservadora" del reino de Dios con los EE. UU.

Como la luz de Dios, la Escritura es el fundamento de cada materia, controlándolo, dirigiéndolo y explicándolo, haciendo así lo que es meramente verdadero, la verdad de Dios. ¿Cómo se puede enseñar la historia a menos que esté fundamentada e iluminada por la Palabra que enseña a un Dios soberano, la centralidad de Cristo, la gran guerra del reino de Dios y el reino de este mundo, la depravación total del hombre y los juicios de Dios sobre el pecado? ¿Cómo se puede enseñar la ciencia aparte de la Palabra sobre la creación, sobre la caída y la maldición sobre el hombre y su tierra, sobre el diluvio y sobre la sabiduría y el poder del Creador?

En relación con su crítica de aquellos que limitan la inspiración divina de las Escrituras a las partes "ético-religiosas" de la Biblia, Herman Bavinck habla de la relación entre la Escritura y las otras ramas del conocimiento:

> A partir de esto, finalmente, la relación en la que la Escritura se encuentra con las otras ciencias se vuelve clara. Ha habido mucho mal uso de la de-

---

[19] *Cornelius Jaarsma, "A Brief Overview of Christian Education [Una breve visión general de educación cristiana]", en John De Beer y Cornelius Jaarsma, Toward a Philosophy of Christian Education [Hacia una filosofía de Educación Cristiana] (Grand Rapids: Unión Nacional de Escuelas Cristianas, 1953), pág. 9.*

claración de Baronio: "La Escritura no nos dice cómo está todo en el cielo, sino cómo vamos al cielo". Exactamente como el libro del conocimiento de Dios, la Escritura tiene mucho que decir también con respecto a las otras ciencias. Es una luz en el camino y una lámpara para el pie, también para la ciencia y el arte. Reclama autoridad en todas las áreas de la vida. Cristo tiene todo el poder en el cielo y en la tierra. Objetivamente, la limitación de la inspiración a la parte ético-religiosa de la Escritura es insostenible; y subjetivamente, la distinción entre el aspecto religioso [*godsdienstige*] de la vida del hombre y el resto de su vida no puede mantenerse. La inspiración se extiende a todas las partes de las Escrituras, y la religión es una cuestión de todo el hombre. Mucho de lo que está registrado en las Escrituras es de importancia principal también para las otras ciencias. La creación y caída del hombre, la unidad de la raza humana, el diluvio, el origen de las naciones y lenguas, etc. son hechos de la mayor importancia también para las otras ciencias. Cada momento la ciencia y el arte entran en contacto con la Escritura; los principios para toda la vida se dan en las Escrituras. No se puede hacer nada para minimizar esto.[20]

De esta manera, la Escritura unifica toda la educación cristiana. Materialmente esta unidad es la gloria del Dios soberano. Bavinck se refiere a esta función vital de la Escritura en su *Paedagogische Beginselen*:

> La Biblia es el libro que orienta al hombre también en el mundo actual. Esto es evidente si sólo uno recuerda que la Escritura nos proporciona

---

[20] *Herman Bavinck, "De Theopneustie der Schrift", en Gereformeerde Dogmatiek, vol. 1 (Kampen, Países Bajos: J. H. Bos, 1906), 472. La traducción del holandés al inglés es del autor.*

una visión de la naturaleza cuyo igual no se encuentra en ninguna parte; que presenta una explicación del origen, la esencia y el destino de los hombres que se busca en vano desde la ciencia y la filosofía; que nos da una guía de la historia del mundo y de la humanidad sin la cual vagamos en un caos de acontecimientos. Y toda esta Escritura se nos presenta en una forma que es apropiada para los eruditos y no educados, para los ancianos y los niños. Aquel que es instruido en la Escritura y es criado por ella se eleva a un punto de vista desde el cual examina la gran totalidad de las cosas. Su horizonte se extiende hasta los confines de la tierra. Abarca en su pensamiento el principio y el fin de la historia. Él conoce su propio lugar en la historia, porque se ve a sí mismo y a todas las cosas en primer lugar en su relación con Dios, de quien, por quien y para quien son todas ellas.

"Por lo tanto", concluye Bavinck, "la Biblia no es sólo el libro para la iglesia, sino también para la familia y la escuela. Instrucción bíblica... es el alma de toda instrucción, el poder organizador de toda crianza".[21]

La Palabra de Dios que sostenemos como la autoridad en la escuela no es la "Palabra" del ICS (anteriormente AACS). El ICS aboga por la educación cristiana gobernada por la "Palabra de Dios" y critica a casi toda la educación cristiana presente y pasada por estar dominada por la iglesia: "Un ideal educativo controlado por la iglesia ha impedido durante siglos que la educación cristiana dirigida por las Escrituras desarrolle su propia manifestación independiente y distintiva".[22] Esta crítica de la educación cristiana antes de llegar a la escena del ICS es una

---

[21] *Herman Bavinck, Paedagogische Beginselen (Kampen, Países Bajos: J.H. Kok, 1904), 169. La traducción del holandés es mía.*

[22] *John C. Vander Stelt, "La Lucha por la Educación Cristiana en la Historia Occidental", en Para impulsar al "gigante dormido": crisis, compromiso y educación cristiana, ensayos de John Vriend y otros (Toronto: Wedge Publishing Foundation, 1972), 56.*

manifestación de la arrogancia abrumadora de este grupo - sin duda, ellos son el pueblo y la sabiduría morirá con ellos. Podríamos perdonar esta arrogancia si fuera solo el rasgo desagradable y personal de esa escuela, pero debemos tomarlo en serio porque la raíz de ella es su exaltación de sí mismos y sus palabras por encima de la Palabra de Dios, la Sagrada Escritura y, por lo tanto, por encima de Dios mismo. Por su énfasis en la Palabra engañan a los incautos. Ellos no se refieren a las Escrituras cuando hablan tan fuertemente de la Palabra de Dios en la educación.

Según el propio ICS, la Palabra de Dios que gobierna en la escuela es el "plan de estructuración y dirección para la creación".[23] No son las Escrituras, sino una cierta "Ley-Palabra" la que "sostiene la creación". Realmente, la Biblia no tiene lugar en la escuela en absoluto. Su único papel es preliminar: el de abrir los ojos a la Palabra de Dios que sostiene la creación.[24] De hecho, la "Palabra" que el ICS tiene en mente es el juicio concerniente a un aspecto particular de la creación de Dios por el experto residente del ICS. Esta "Palabra" es definitiva y autoritativa, al menos hasta que el experto residente nos informe que este juicio ha sido sustituido por otro posterior. No está sujeta a la prueba y la autoridad de la Sagrada Escritura y, por lo tanto, el experto residente está por encima del alcance de los padres. Él es el soberano en su esfera, el señor y dios en la educación. Esta es una tiranía y jerarquía que es proporcional al impulso "reformacional" del ICS, lo que indica que "reformacional" no tiene nada en común con "reformado". Por el contrario, "reformacional" es el enemigo jurado de "Reformado", cuya consigna es *sola Scriptura*. Rechazando la autoridad de las Escrituras en la escuela, el ICS representa la anarquía en la educación. Aunque gritan "Palabra de Dios, Palabra de Dios", (como dijo Barth sobre los liberales) solo dicen "Palabra de Hombre" muy fuerte.

Hay una revelación de Dios en la creación: su nombre glorioso

[23] *James H. Olthuis y Bernard Zylstra, "An Educational Creed [un credo educacional]", en Para prod, 167.*

[24] *James H. Olthuis, "To Prod the 'Slumbering Giant' [despertando al 'gigante durmiente']", in to prod, 30–33.*

y su maravillosa sabiduría. Los eruditos creyentes pueden y deben buscar la creación. A los niños del pacto se les debe enseñar la naturaleza del cosmos. Sin embargo, esto no puede tener lugar independientemente de la Escritura, ni siquiera junto con la Escritura con una mirada hacia la Escritura de vez en cuando. Sino que debe hacerse en estricta sumisión a la Biblia.

La autoridad de las confesiones reformadas en la escuela

Teniendo en cuenta que la Escritura es la autoridad en la educación cristiana, ¿qué pasa con los credos reformados: el Catecismo de Heidelberg, la Confesión Belga y los Cánones de Dordt? ¿Tienen algún lugar en la educación? ¿Es su lugar el de una autoridad? Que estos credos tienen un lugar de autoridad en la escuela se da por sentado en el movimiento escolar cristiano protestante reformado. La constitución de la Asociación de Escuelas Cristianas Protestantes Reformadas de South Holland, Illinois, es representativa de las constituciones de todas las escuelas cuando dice: "Esta organización se basa en los siguientes principios: A. La Biblia es la Palabra de Dios infaliblemente inspirada y escrita, cuya doctrina está contenida en las Tres Formas de Unidad, y como tal forma la base para la administración, instrucción y disciplina en la escuela" (Artículo 1, Base).

Esto está siendo desafiado hoy. Vale la pena señalar que hace mucho tiempo, en un discurso ante una convención de la Unión Nacional de Escuelas Cristianas, el Dr. Clarence Bouma desafió el lugar de los credos reformados en la educación cristiana. Lo hizo con referencia a la base de la Universidad Libre de Ámsterdam, que habla solo de que la instrucción se basa en "Principios Reformados". Bouma pidió a las escuelas de la Unión Nacional que eliminaran las tres formas de unidad y se contentaran con la autoridad de los "principios reformados". Pero entonces surge la pregunta, ¿quién determina los "principios reformados"? ¿Kuyper? ¿Bouma? ¿Hoeksema? ¿Van Til? ¿Kuitert? ¿Lever? ¿Una mayoría de personas nominalmente reformadas?[25]

El ICS se opone al uso de los credos como autoridad en la escuela:

> La confesión de la Iglesia institucional [es] en gran medida inadecuada para la tarea de la educación.[26]

> Las confesiones de una iglesia institucional (denominacional) no deben tomar el lugar de una confesión educativa cristiana, ya que una escuela es una escuela y una iglesia institucional es una iglesia institucional ... Actuar como si un credo de la iglesia pudiera ser un credo escolar es confundir y engañar.[27]

El ICS pide la composición de un "credo educativo" y, de hecho, lo ha hecho.[28]

No es de extrañar que el ICS desee eliminar los credos reformados de la escuela, ya que los rechaza incluso para la iglesia. Arnold de Graaff ha escrito: "Nuestras confesiones reflejan claramente la antigua espiritualización y estrechamiento de la vida cristiana. Carecen de una visión clara del Reino".[29]

Otros educadores reformados también han cuestionado el uso de los credos de la iglesia como credos para la escuela. Donald Oppewal quería tomar la referencia a los "estándares reforma-

---

[25] *Clarence Bouma, " Propagating Christian Education [Propagando la Educación Cristiana]", en la Unión Nacional de Escuelas Cristianas Educación Folleto de la Convención que contienen documentos entregados en la Convención Educativa de la NUCS en Chicago, 26 de agosto de 1925, bajo el tema "La Biblia y la Educación Cristiana" (n.p.: Unión Nacional de Escuelas Cristianas, 1925), 120ff.*

[26] *H. de Jongste y J. M. Van Krimpen, La Biblia y la vida del cristiano (Grand Rapids, MI: Groen Van Prinsterer Society, [196–]), pág. 109.*

[27] *James H. Olthuis, "To Prod", en Para prod, 26.*

[28] *Para este "Credo Educativo", véase Para prod, 167–70. Véase también Hendrik van Riessen, The University and Its Basis (St. Catharines, Ont., Canada: The Association for Reformed Scientific Studies, 1963), 54 ff.*

[29] *Arnold de Graaff, "By What Standard [Con Que estandar]?" en Will All the King's Men...: Out of Concern for the Church, Phase 2, essays by James H. Olthuis and others (Toronto: Wedge Publishing Foundation, 1972), 107.*

dos" en la constitución de la Unión Nacional de Escuelas Cristianas como solo una referencia a los "principios reformados" y no a los credos, y sugirió que la escuela y la iglesia deberían tener credos diferentes.[30]

Las razones dadas para esta oposición a los credos reformados son que los credos son eclesiásticos, mientras que las escuelas no son ni deben serlo: "¡las escuelas deben estar libres de la iglesia!"; los credos son demasiado restrictivos; y, en lo que respecta al ICS, los credos son obsoletos y falsos.

Contra este desafío a los credos, insistimos en que los credos *deben ser retenidos* como autoridad para la educación cristiana. Dejarlos ir sería perder la educación reformada y pactual. Las confesiones no son una autoridad junto con la Escritura, pero son la interpretación autoritativa de las Escrituras para la fe reformada. Son la interpretación reformada de las Escrituras para siempre. La sumisión a los credos (¿necesitamos que se nos recuerde?) es sumisión a las Escrituras. Los credos no son estrictamente eclesiásticos, como tampoco lo es la Biblia. Más bien son la verdad para toda la vida del creyente redimido y reformado. Ellas atan y cimientan al cristiano no solo en la iglesia el domingo, sino también en su matrimonio y hogar, su trabajo y recreación, su vida en el estado y en absolutamente todo. Definen e iluminan la visión reformada del mundo y la vida.

En los credos están los "principios reformados" que deben impregnar y controlar la educación cristiana: la autoridad de la Sagrada Escritura, la soberanía de Dios, la creación y caída del hombre, la preeminencia de Cristo, la antítesis y mucho más. En ellos hay vastas riquezas para la educación cristiana. Qué empobrecimiento de la educación, por no hablar de la cierta desviación de los "principios reformados", debe resultar si estos credos son dejados de lado y reemplazados por un moderno "credo educativo".

Si la Escritura es la autoridad en las escuelas, y bajo la Escri-

---

[30] *Donald Oppewal, "The Roots of the Calvinistic Day School Movement [Las Raíces del Movimiento Educativo Calvinista]", Calvin College Monograph Series 1963 (Grand Rapids, MI: Calvin College, 1963 reprint), 27–29.*

tura las confesiones reformadas, entonces los padres, los consejos escolares y especialmente los maestros deben conocer las Escrituras y deben conocer los credos. Los maestros deben confesar los credos de una manera sincera. Bouwman señala que el Sínodo de Dordt requirió que los maestros de escuela firmaran la Fórmula de Suscripción.[31] Sin ir en la dirección del control de la iglesia de las escuelas, la esencia de esa acción es necesaria hoy.

La educación cristiana reformada se distingue de la educación cristiana no reformada, y lo hace para su propia salvación. No debemos ir en la dirección de silenciar "reformado" y pregonar "cristiano". En la medida en que fuéramos en esta dirección, el cristianismo completo de nuestra educación se vería minado.

Hay una tendencia hoy en día a hacer de lo que fueron escuelas reformadas amalgamas incoloras de muchas ramas de Cristiandad. Especialmente se transforman en escuelas para "cristianos evangélicos" (fundamentalistas, Arminianos, neopentecostales y otros). Inevitablemente, los principios reformados son eliminados de las escuelas. Esto no quiere decir que no aceptemos alumnos no reformados, cada solicitud de admisión es cuidadosamente considerada por la junta y cada caso es juzgado por sus propios méritos, pero es para decir que debe entenderse claramente que la escuela es reformada, de principio a fin, y que cada niño recibirá tal educación. Ciertamente, no puede haber ningún maestro, miembro de la junta o miembro de la asociación que no sea reformado.

La libertad del maestro en su trabajo está circunscrita aquí, no obstaculizada sino delineada. La autoridad vinculante de los credos no amenaza la verdadera libertad académica y pedagógica. La ley y la libertad no son enemigos, sino amigos. Teóricamente, hay libertad en el marco de los credos, porque la libertad es la actividad sin trabas de una criatura dentro de la esfera marcada por Dios. Hay libertad *prácticamente*, porque dentro del área marcada por los credos el maestro tiene espacio para un trabajo grandioso, emocionante y agotador. Los credos mismos liberan al maestro

---

[31] *Bouwman, Gereformeerd Kerkrecht, 518–19.*

para este trabajo: lo libera de incertidumbres, falsas direcciones y trabajo en vano.

Pero no puede haber transgresión de estos límites. Esto sería infidelidad a los padres que apoyan y desean la educación *reformada*. Esto sería un engaño a los niños. Los maestros que venden contrabando intelectual mientras enarbolan los colores de la fe reformada son miserables (de la misma clase que vendedores de drogas). Peor aún, esto sería desobediencia a Dios. Quien se oponga a los credos debe ser expulsado; quien tenga dudas sobre ellos debe irse.

Las Escrituras como el contenido de la instrucción

La Escritura es la autoridad sobre la escuela. ¿Debe ser también el contenido de la instrucción?

Nuestra respuesta debe ser un rotundo "sí", porque esto es requerido por la base del pacto de la educación cristiana. Que la Escritura sea el contenido de la instrucción es el requisito de todos los pasajes de las Escrituras que llaman a la enseñanza de los hijos por padres creyentes. Deuteronomio 6:6–9 requiere que los padres enseñen a los hijos *la ley* de Dios: "Y estas *palabras*... estarán sobre tu corazón; Y las *repetirás* a tus hijos..." [sin cursivas en el original]. Según el Salmo 78:1–8, los padres deben enseñar a sus hijos las *alabanzas de Jehová, Y su potencia, y las maravillas que hizo.* Efesios 6:4 dice que la educación debe ser enteramente en la disciplina y amonestación del Señor. 2 Timoteo 3:14-17 indica que el desarrollo de un niño en un hombre maduro de Dios ocurre por medio de la Sagrada Escritura. En armonía con esta enseñanza de la Escritura, el voto hecho por los padres en el bautismo de sus hijos les exige que "prometan y tengan la intención de ver a estos niños... educados en la *doctrina antes mencionada*, o ayudarlos o hacer que sean instruidos *en ella*".[32]

---

[32] *Form for the Administration of Baptism [Formulario para la Administración del Bautismo], in Confessions and Church Order, 260; emphasis added.*

No podemos adoptar la base del pacto de la educación y luego eludir el contenido de la instrucción estipulada en esa base como si la educación del pacto aún fuera posible. Debe haber doctrina en las escuelas, no clases de "lo esencial de la doctrina reforma-da", sino doctrina.

Queda una pregunta importante: ¿*Cómo* debe ser la Escritura el contenido? ¿De manera devocional? ¿Como asignatura en el currículo junto con las otras asignaturas? ¿O de otra manera?

La enseñanza de la Biblia en la escuela por la que estoy luchando no es que los devocionales se lleven a cabo regularmente o que la Biblia sea una materia en el plan de estudios junto con la lectura, la escritura y la aritmética. Esto no quiere decir que la Biblia no deba leerse para devocionales, o incluso que esté prohibido tener la Biblia como una materia distinta. Sino es decir que estas formas de Biblia en las escuelas no *constituyen* educación cristiana, no son la *idea* de educación cristiana. Es bueno tener devocionales, lectura de la Biblia con algunos comentarios del maestro, así como oración, pero es un error suponer que este es el sello distintivo de una escuela cristiana y la diferencia entre ella y la escuela pública. Algunos piensan que sí. Sea testigo del tono y el grito sobre la prohibición de la Biblia y la oración de las escuelas del mundo. Si las escuelas estatales restablecieran la lectura de la Biblia, serían tan impías como siempre, y nuestras objeciones no disminuirían ni un ápice.

Con respecto a la Biblia como una materia, a pesar de que la tradición pesa mucho en contra de hacerlo, estaría en consonancia con la idea de la escuela diurna cristiana eliminar la Biblia como una materia separada en el plan de estudios. Enseñar la Biblia no es algo que los padres no puedan hacer por sí mismos, o que nunca puedan hacer por sí mismos. Es, de hecho, algo que deberían hacer ellos mismos. Podría ser beneficioso para el ejercicio de los padres de su vocación que los padres supieran que ellos, no la escuela, tendrían que realizar esta tarea. La enseñanza de la Biblia, como una materia distinta ahora, no es la razón para establecer escuelas cristianas y puede obstaculizar el logro del verdadero propósito de la escuela con respecto a las Escrituras. El peligro es que tanto los padres como los maestros pueden estar satisfechos con la enseñanza de la Biblia como el cumplimiento del mandato de la escuela de participar en la enseñanza bíblica. ¿No se expresa esto en la declaración: "La calificación más importante en la boleta de calificaciones es la de la materia de la Biblia"? También es un peligro que la preparación de la lección bíblica y la enseñanza real de la Biblia puedan reducir el tiempo y el esfuerzo que se debe invertir en la difícil tarea de enseñar bíblicamente todas las materias en el plan de estudios.

Sin embargo, también podríamos ser realistas. Históricamente, las escuelas cristianas siempre han enseñado la Biblia. Las escuelas medievales lo hicieron. Las escuelas de la Reforma lo hicieron. Las escuelas en los Países Bajos lo hicieron. Nuestras escuelas lo hacen. Tengo pocas expectativas de que la Biblia sea abandonada. Si se abandonara, no solo los padres, sino también la iglesia tendría que hacer más en la forma de instruir en las Escrituras. Si continuamos con la práctica actual, alguien debería trabajar en la coordinación de la enseñanza de la Biblia con la enseñanza de la misma en el catecismo y la escuela dominical. Recordemos, sin embargo, que la enseñanza de la Biblia en la escuela cristiana no agota el llamado de la escuela para proporcionar enseñanza bíblica y, de hecho, aun no toca el corazón de este llamado.

La Escritura debe ser enseñada así: como el fundamento, la luz y el centro de cada tema. La Escritura debe ser trabajada en cada tema, de manera natural y, de hecho, como la base sobre la cual ese aspecto de la realidad se encuentra sólidamente. Debe ser la luz que ilumine no sólo el aspecto particular de la creación para darle sentido, sino también al propio estudiante, en lo que respecta a su conocimiento y uso de ese aspecto de la creación. Y debe enseñarse como el núcleo, o centro, de cada materia. Así unifica todas las materias. La enseñanza de la Escritura de esta manera no debe concebirse al margen del *contenido* de la Escritura: el Dios glorioso, que debe ser temido y servido por el hombre redimido en la totalidad de la vida del hombre. Bíblicamente, la creación *es*, esencial, central y absolutamente en todos los aspectos, la revelación del excelente nombre de Dios, ¡y todo el deber del hombre es temerlo y obedecerlo!

Esto debe ilustrarse. Tomemos, primero, los temas que tienen que ver con la lectura y la escritura, incluyendo gramática, literatura, ortografía, habla y similares. Se basan en la Palabra del primer capítulo del evangelio de Juan. Este es el Verbo que está eternamente con Dios y que es eternamente Dios, el Verbo que ilumina a todo hombre que viene al mundo, el Verbo que se hizo carne en el Señor Jesús. Las palabras humanas no son un fenómeno interesante, útil, sino accidental; son el reflejo en la creación de Dios de la Palabra en Dios. En el centro de estos temas está la realidad de la comunión a través de la comunicación, así como la Palabra eterna en Dios es la Palabra de comunión en la Deidad. Esto conduce a la noción de verdad en la literatura y la noción de belleza en el habla. Al enseñar estos temas, el instructor debe guiarse por la doctrina bíblica concerniente al *Logos* (Palabra) en Dios, concerniente a la comunión a través de las palabras, y concerniente a la verdad y la belleza en el habla y la escritura del hombre, en la que Dios es alabado y el prójimo es amado. De acuerdo con las capacidades de los niños, se les deben mostrar estas cosas. Me atrevo a decir que el efecto de tal enseñanza será un poderoso fortalecimiento del aborrecimiento de los niños de la pulpa sucia, violenta y sin sentido que sale de las imprentas hoy y un poderoso fortalecimiento de su comprensión de lo que son las palabras en la iglesia, la dulce comunión, no la lucha amarga, así como el aliento y la preparación de los niños para usar y disfrutar de sus dones de lectura y escritura.

En cuanto a la historia, el fundamento, el significado y el centro de esa importante materia son las doctrinas bíblicas de la creación, la providencia, la caída, Cristo y la iglesia, el ascenso y la caída de las naciones por la mano directa de Dios, los juicios temporales de Dios y la lucha titánica y global de la *Civitas Dei* (la Ciudad de Dios) y la *Civitas Mundi* (la Ciudad del Mundo). El significado de la historia es Jesús el Cristo, y el futuro de la historia es el reino de Cristo.

Con respecto a la ciencia, las enseñanzas de la creación de las Escrituras por decreto divino, la caída y posterior maldición sobre la tierra, la destrucción catastrófica del mundo que entonces fue por un diluvio universal, y el gobierno ordenado de Dios de su creación ("leyes de la naturaleza") son esenciales para la verdad de la ciencia.

Tal enseñanza de las Escrituras en las escuelas hace que la instrucción sea la *verdad*, tanto en cada tema como en general, y evita que la instrucción sea la *mentira*. Tal enseñanza hace que la instrucción sea cristiana, no solo piadosa, sino cristiana. Nuestras escuelas son cristianas: tienen que ver con Cristo, con Cristo Jesús. Se centran alrededor de Cristo. ¡Están dedicadas a Cristo! No hay nada allí que no esté relacionado con Cristo, o que esté relacionado de alguna otra manera que no sea estar de rodillas ante él, ¡porque el mensaje de la Escritura es Dios glorificado en Cristo! Todo el deber del hombre, según la misma Escritura, es temer a Dios creyendo en Cristo y obedecer a Dios doblando la rodilla ante el Señor Jesús.

Tal enseñanza es la tarea del maestro de escuela cristiano. Es trabajo, trabajo duro con el sudor de su frente. Dios lo demanda. Los credos lo demandan. El Orden de la Iglesia lo demanda. Las mesas directivas escolares lo demandan. Los padres lo demandan. El trabajo del maestro no es tanto calificar tareas como enseñar las Escrituras de esta manera.

¡Pero qué trabajo tan emocionante! Ver la verdad, aunque sea en destellos y en un cristal oscuro; enseñar a otros el nombre de Dios por encima de todos los demás nombres, es decir, Jesucristo; hacer esto por la gracia del pacto de Dios para que aquellos así enseñados conozcan a Dios, se inclinen ante él y le sirvan, esta es obra para un profeta, un sacerdote y un rey: el maestro de escuela cristiano.

Esta es una obra de fe.

Debemos creer que del Señor es la tierra y su plenitud. Debemos llegar a ser como un niño pequeño para ver el excelente nombre del Señor en toda la tierra y ver al Espíritu de Dios dando vida y aliento a cada criatura. Es bueno leer los Salmos como parte de nuestra preparación para la enseñanza. El israelita no era tan ingenuo como para ignorar la explicación física del nacimiento, pero estaba tan lleno de fe que sabía que la concepción y el nacimiento eran la obra maravillosa de Jehová (Sal. 139).

Debemos creer que Jesús el Cristo no es sólo el salvador de las almas para el mundo venidero, sino también el preeminente entre todas las cosas y el Señor a quien es sabiduría besar en la tarea intelectual, en el trabajo, en el matrimonio, en la historia, en la ciencia física y en la música.

Debemos creer que ese libro más elegante, "la creación, preservación y gobierno del universo", sólo puede leerse correctamente a través de los lentes de la Sagrada Escritura.[33] *Señor, aumenta nuestra fe.*

Implicaciones para la instrucción diaria

Dado que este es el lugar de las Escrituras en las escuelas, las Escrituras serán introducidas abiertamente, sin vergüenza y con frecuencia. No habrá simplemente referencias pasajeras a la Biblia, o incluso citas de un texto de vez en cuando; más bien, el maestro sacará las Biblias, leerá un pasaje o pasajes y enseñará el pasaje, mostrando cómo el pasaje se aplica al tema en cuestión.

En los exámenes se incluirán preguntas que requieren que los estudiantes demuestren su comprensión de la relación de un tema, o aspecto de un tema, con la Palabra, es decir, con Dios y su Cristo.

La clase de historia probablemente comenzará con la lectura y explicación de Génesis 1–3, Gálatas 4:4, Efesios 1:10 y Apocalipsis 21. A lo largo del curso, el maestro leerá y explicará la profecía de Daniel sobre el ascenso y la caída de las naciones, Eclesiastés sobre la vanidad de la vida humana y la cultura aparte de la única gracia de Dios en Jesucristo, y Apocalipsis sobre el significado de la guerra.

Romanos 13 será el corazón del curso de educación cívica.

Efesios 4:28, Mateo 6:19–34 y Lucas 16:1–13 se entrelazarán

---

[33] *Belgic Confession [Confesión belga], art. 2, in Schaff, Creeds of Christendom, 3:384.*

en el curso de economía.

El Salmo 104 y el Salmo 139 serán centrales en la biología.

Incluso el atletismo en la escuela estará basado y dirigido por la Palabra. "Gimnasio" y otras formas de ejercicio físico comenzarán con una clase de instrucción sobre el cuerpo del cristiano. Esta clase enseñará a los niños que el cuerpo es redimido y santificado por Cristo, el templo del Espíritu Santo, no la despreciable prisión del alma de la filosofía griega. Habrá instrucción sobre la necesidad y el beneficio del ejercicio. Ciertamente habrá instrucción sobre el peligro de la glorificación del cuerpo, la belleza de la mujer y la fuerza y destreza del hombre, a la luz de tal idolatría en nuestra época. También habrá instrucción sobre la demanda de Dios de que la competencia en los deportes, como en otros lugares, sea templada por el amor al prójimo.

El peligro de que una explicación sólida de las Escrituras reemplace la instrucción exhaustiva del material debe ser vigilado. No es uno u otro, el uno a expensas del otro, sino una enseñanza buena, sólida y exhaustiva del tema a la luz de la Escritura.

Para hacer esto, el maestro necesita pensar bíblicamente, necesita estar centrado en Dios (reformado) hasta la médula de sus huesos. Debe ser bíblica y teológicamente competente. Parafraseando a Pablo, el maestro debe estar decidido a no conocer nada excepto a Dios en Cristo. No más en el caso del maestro que en el de Pablo significa esto la exclusión de todo lo demás. Más bien, significa que todo se enseña como criatura de Dios y que cada pensamiento es llevado cautivo a Cristo.

Este tipo de escuela dará fruto en los hombres y mujeres jóvenes que temen al Señor y guardan Sus mandamientos en su vida terrenal y con su posición y talentos. Y esto es lo que Dios y nosotros buscamos.

Capítulo 3
Educación y cultura reformadas

Mi arco he puesto en las nubes, el cual será por señal del pacto entre mí y la tierra... pacto perpetuo entre Dios y todo ser viviente, con toda carne que hay sobre la tierra — Génesis 9:13, 16

El tema de este capítulo es la posibilidad y justificación de que una escuela reformada enseñe los diversos cursos que componen una educación en artes liberales, utilizando las obras de los incrédulos, como historias, geometría, novelas, obras de teatro y sinfonías. Es una defensa de preparar a los hijos del pacto para vivir en este mundo, realmente en *este mundo*, en todas sus diferentes esferas.

La escuela cristiana tal como la tenemos, como las escuelas cristianas del pasado, enseña no solo y ni siquiera *principalmente* la Biblia y la doctrina reformada, sino también las materias que enseñan las escuelas estatales. A través de esta instrucción, la escuela cristiana, al igual que la escuela estatal, permite al niño vivir su vida terrenal en su propia sociedad particular. Enseñamos al niño la historia de los Estados Unidos, el idioma inglés y, si los Estados Unidos adoptan el sistema métrico, metros y gramos.

¿Cómo se explica el interés de la escuela cristiana en una educación de artes liberales completa?

Este es un problema en la educación cristiana. Es el problema de estar en el mundo, pero no del mundo, el problema de usar el mundo sin abusar de él. Hay peligros en todos los lados. Aquí debemos navegar por una estrecha franja de mar entre Escila y Caribdis. Existe el peligro de la conformidad al mundo, como en el caso de Demas, que amó este mundo presente y abandonó a Cristo. Existe el peligro, por otro lado, de la huida del mundo. Esta es la mentalidad que realmente teme a la educación, duda de la necesidad y el valor de la educación en artes liberales, y etiqueta todo interés y uso de Shakespeare, Tucídides y Beethoven como "mundanidad". Además, existe el peligro de una dichosa ignorancia del problema: simplemente dejar el problema sin resolver e incluso sin examinar. Debemos saber qué estamos haciendo y sobre qué base. Dejar este asunto en la oscuridad es permitir que la escuela se arruine, ya sea en la roca o en el remolino.

El problema es especialmente crucial para los Cristianos Protestantes Reformados. Esto no es una reflexión sobre la fe Protestante Reformada; por el contrario, es una indicación de que en la fe y la vida reformada protestante fluye la corriente pura del cristianismo y se encuentra la fe reformada sana. La instrucción de los niños en todas las materias de una educación de artes liberales no es un problema para una iglesia que ha hecho las paces con el mundo y que ahora no es más que la ramera de la bestia. Tampoco es un problema para Simón Estilita posar en su poste en el desierto.

Es ampliamente aceptado en los círculos reformados y evangélicos que la solución del problema es la doctrina de la gracia común. Negamos la gracia, la raíz y la rama comunes. ¿Dónde nos deja esto?

No estamos completamente libres de la tentación de la mentalidad de huida del mundo. Esto no es inherente a nuestra teología, ni es este el significado de nuestra negación de la gracia común, como alega el enemigo. "¡Anabaptista!", escribió J. K. van Baalen al comienzo de la historia de las Iglesias Protestantes Reformadas. A esto, Henry Danhof y Herman Hoeksema respondieron, *Niet Doopersch Maar Gereformeerd* (No anabaptista sino reformado). Pero la huida del mundo es uno de los principales errores que siempre amenaza a la iglesia en la historia. Hay voces, de vez en cuando, en nuestro movimiento escolar que, sin duda con sinceridad, realmente están gritando "huid del mundo".

A mi juicio, no hemos clara y agudamente explicado de *manera positiva* la base para una vida reformada en el mundo en todas las áreas de la vida, ya que hemos refutado negativamente la base propuesta de la gracia común.

Me preocupa aquí mostrar por qué la educación reformada se ocupa de la "cultura", para mostrar que esto se deriva de la base del pacto de la educación cristiana. Debo esforzarme por dejar claro lo que quiero decir, y lo que el lector debe entender, por *cultura*. No tengo ningún afecto particular por esta palabra. De hecho, la teología reformada y la educación cristiana podrían estar mejor sin ella. La palabra ha sido tan mal utilizada, y tanto contrabando ha sido introducido al reino reformado por ella, especialmente por la frase "mandato cultural", que podría ser mejor purgarla de nuestro vocabulario.

Además, las Escrituras condenan la cultura a la que muchos, incluso en los círculos reformados, dan una gran importancia: el estilo de vida, la riqueza, la belleza, el entretenimiento y el pensamiento educado del mundo impío. Se origina con la línea de Caín. Todo consiste en la lujuria de la carne, la lujuria de los ojos y el orgullo de la vida. Todo se hunde cuando Dios se levanta en Su ira para derrocar a Babilonia la Grande (ver Gn. 4, 1 Jn. 2 y Ap. 18).

Una escuela que enseña a los niños a apreciar y entrar en la "cultura" *en este sentido* les enseña a amar el mundo y las cosas del mundo y, por lo tanto, los envía en el camino amplio al infierno. No estamos interesados en establecer escuelas que, como dijo Lutero en "Una carta abierta a la nobleza cristiana", son "lugares para entrenar a los jóvenes en la gloria griega, en los que prevalece la vida suelta, la Sagrada Escritura y la fe cristiana se enseñan poco, y el maestro ciego y pagano Aristóteles gobierna solo, incluso más que Cristo".[34] Al "maestro ciego y pagano Aristóteles" de Lutero deberíamos agregar maestros ciegos y paganos en escuelas nominalmente cristianas de hoy, como Darwin, Freud, Marx y el último proveedor de perversidad sexual.

Lo que quiero decir con cultura es esto: la vida activa del hijo de Dios en todas y cada una de las áreas de la creación y

---

[34] *Lutero, "An Open Letter [Una carta abierta]", in Three Treatises, pág. 93.*

en cada ordenanza humana, usando y disfrutando de cada criatura de Dios (1 P. 2, 1 Ti. 4). Esto incluye el conocimiento profundo de cada faceta de la creación y de la historia de los hombres y las naciones, el desarrollo de todos los talentos y capacidades de uno, la toma activa y enérgica de su lugar y el uso de sus habilidades en el mundo. Incluye nuestro uso y disfrute de las producciones e invenciones de hombres incrédulos: el órgano de Jubal, el arado de Tubalcain, la poesía de Byron, las sinfonías de Mozart y la geometría de Euclides. Se incluyen estos aspectos de la definición de cultura de Webster: "el arte de desarrollar facultades intelectuales y morales", "el conocimiento y el gusto en bellas artes, humanidades y aspectos amplios de la ciencia a diferencia de las habilidades vocacionales y técnicas". En resumen, por cultura me refiero a vivir la vida terrenal, humana plena y activamente en la forma en que nuestro Señor Jesucristo nos llama a vivirla.

Un examen del problema

La gracia común ofrece una solución al problema de la vida del cristiano en el mundo; da una explicación del interés de la escuela cristiana en todas las ramas del conocimiento, en la vida terrenal y en las producciones de los impíos; y proporciona una base para que el cristiano se mantenga firme y una meta a la que aspirar a vivir en sociedad, ya sea como filósofo, político o trabajador común. Su enseñanza es que hay una obra del Espíritu Santo en el mundo impío que resulta en una vida moralmente buena por parte del mundo, en un desarrollo positivamente bueno de la sociedad y en la producción de muchos logros por parte del mundo que son éticamente buenos. Debido a esta gracia, el cristiano puede unirse a la cultura del mundo impío. Debido a esta gracia, tiene carta *blanca* para apropiarse, usar y disfrutar de las producciones culturales del mundo.

Es estándar en los tratados reformados y evangélicos de la educación cristiana justificar el trabajo de la escuela cristiana apelando a la gracia común y, de hecho, en la coyuntura crucial *para basar* en la gracia común el trabajo de la escuela cristiana con respecto tanto a la enseñanza de los temas como a la crianza de los niños para la vida en el mundo.[35]

Abraham Kuyper escribe que una de las relaciones importantes en las que se encuentra cada hombre, junto con sus relaciones con Dios y otros hombres, es su relación con el mundo. El calvinismo, dice Kuyper, honra "al mundo como una creación divina, y ha puesto de inmediato al frente el gran principio de que hay una *gracia particular* que obra la salvación, y también una *gracia común* por la cual Dios, manteniendo la vida del mundo, relaja la maldición que descansa sobre él, detiene su proceso de corrupción y, por lo tanto, permite el desarrollo sin trabas de nuestra vida en la que se glorifica a Sí mismo como Creador". La gracia común es el elemento básico de nuestra relación con el mundo: "[El] punto de partida... porque nuestra relación con *el mundo* [es] el reconocimiento de que en el mundo entero la maldición está restringida por la gracia, que la vida del mundo debe ser honrada en su independencia". Toda la investigación del calvinista sobre la creación, las ciencias, la historia y la filosofía, el arte y la justicia de la antigua Grecia y Roma se debe al "glorioso dogma de la gracia común". Tenemos que agradecerle a la gracia común por la eliminación de "el interdicto, bajo el cual la vida secular había estado atada".[36]

Tomando la guía de Kuyper, el evangélico Bernard Ramm fundamenta en la gracia común tanto la vida cristiana en el mun-

---

[35] *En defensa de la gracia común y su supuesta importancia esencial para la cultura por los defensores reformados, ver Abraham Kuyper, Lectures on Calvinism [Conferencias sobre el Calvinismo], "Stone Lectures" pronunciado en la Universidad de Princeton en 1898 (Grand Rapids: Wm.B. Eerdmans Publishing Co., 1953) y H. Henry Meeter, The Basic Ideas of Calvinism, 3ª edición, revisada (Grand Rapids, MI: Kregel Publications, 1956), 70–92. Sobre la gracia común y la educación cristiana, véase William Masselink, "Common Grace and Christian Education, or A Calvinistic Philosophy of Science", mimeografiado (Chicago, 1951) y Cornelius van Til, Essays on Christian Education (n.p.: Presbyterian and Reformed Publishing Co., 1974), especialmente 89–92. Para la adopción evangélica de la gracia común como vital para Educación cristiana, véase Bernard Ramm, The Christian College in the Twentieth Century, cinco conferencias impartidas en 1961–62 en Whitworth College, Spokane, WA. (Grand Rapids, MI: Wm.B. Eerdmans Publishing Co., 1963) y Arthur F. Holmes, The Idea of a Christian College (Grand Rapids, MI: Wm.B. Eerdmans Publishing Co., 1975).*

[36] *Kuyper, Lectures on Calvinism [Conferencias sobre el Calvinismo], 30–31, 121ss.*

do como la universidad cristiana.

La doctrina de la gracia común permite al cristiano apreciar el arte, la cultura y la educación... para proclamar la bondad del mundo... honrar los dones de Dios en el pecador... usar el mundo con todo lo que Dios le forjó en la creación... Una universidad... se basa en la doctrina de la creación y en la doctrina de la gracia común.

Ramm eleva un panegírico de alabanza a la gracia común:

Es la fuente del bien moral en el no regenerado, así como de lo verdadero, lo bello y lo bueno en su cultura. Es la base y el preservante de la familia, del estado, de la ciencia y de la educación. Es la base de la preocupación cristiana por el arte, la cultura y la civilización y la condena de todos aquellos cristianos que desean huir del mundo... Es la razón por la cual los cristianos deben honrar la ciencia entre los incrédulos, ver el don de Dios en los no regenerados, estimar a un Sócrates, a un Platón o a un Aristóteles [a quien Lutero estimó como "este maldito, engreído, descaradamente pagano"]. La gracia común es un mandato a los cristianos para comprometerse con las tareas culturales comunes de su sociedad.[37]

Este fundamento de la vida cristiana en general y de la educación cristiana en particular, lo repudio. La gracia común está en conflicto con las Escrituras y las confesiones reformadas. Como todos se ven obligados a reconocer, no hay una sola palabra sobre esta gracia común, supuestamente tan importante para la fe y la vida reformadas, en las confesiones reformadas. ¡Ni una palabra! Excepto que los Cánones de Dordt atribuyen explícitamente la falsa doctrina de la "gracia común" a los *¡arminianos!*[38] No hay gracia de Dios para los réprobos. No hay restricción del pecado

---

[37] *Ramm, The Christian College [El Colegio Cristiano], págs. 80–83.*

[38] *Cánones de Dordt, 3–4, Rechazo de errores, 5, en Confesiones y Orden de la Iglesia, pág. 171.*

en los no regenerados. No hay realización de buenas obras por parte de los incrédulos.[39]

Cabe señalar que los efectos de la gracia común, según sus defensores, son más significativos en las áreas importantes de la educación y la vida cotidiana en el mundo. La gracia común es simplemente fundamental para la visión cristiana reformada del mundo y la vida. De hecho, después de leer de todas las asombrosas hazañas de la gracia común, se pregunta qué lugar queda para la gracia *especial*. Ciertamente, la gracia especial es solo una hermana pobre, en comparación con la gracia común. La gracia común hace que la cultura, la vida y el trabajo del mundo sean buenos. Sobre la cultura del mundo descansa el favor divino. La gracia hace que el mundo se desarrolle de una manera positiva, admirable y loable. Obliga al pueblo de Dios a unirse al mundo en su desarrollo, a hacer una contribución. Estas no son características incidentales de la vida, y cada una de ellas está en oposición diametral a las Escrituras.

Estos son los males de la concepción de la gracia común de la educación cristiana. Primero, descuida, o minimiza, la caída. No tiene ojo para los efectos radicales del pecado. Este alegre desprecio por la caída siempre aparece cuando los defensores de la gracia común hablan del "mandato cultural". Todavía se supone que los hombres caídos son capaces de cumplir el mandato de Dios en Génesis 1:28.

En segundo lugar, la concepción de la gracia común de la educación rompe la antítesis. Hay dos culturas en el mundo, dos formas de vida en la tierra en todas las esferas, y son opuestas. Se enfrentan en una guerra total sin que se les pida ni se les dé cuartel.

---

[39] *Para la crítica reformada de la teoría de una gracia común formadora de cultura, véanse las siguientes tres obras de Herman Hoeksema: The Protestant Reformed Churches in America: Their Origin, Early History and Doctrine [Las iglesias protestantes reformadas en América: su origen, historia temprana y doctrina], 2ª edición (Grand Rapids, MI: First Protestant Reformed Church, 1947), 293–410; God's Goodness Always Particular [La Bondad de Dios Siempre Particular] (Grand Rapids, MI: Reformed Free Publishing Association, 1939); y A Triple Breach in the Foundation of the Reformed Truth: A Critical Treatise on the "Three Points" Adopted by the Synod of the Christian Reformed Churches in 1924 (Grandville, MI: Evangelism Committee of the Southwest Protestant Reformed Church, 1992).*

La gracia común no ve esto. Al contrario, lo niega.[40]

Tercero, este punto de vista siempre está llamando a los cristianos a cooperar con toda la humanidad para construir la sociedad. Este es el propósito de la escuela cristiana: producir hombres y mujeres que puedan y vayan a colaborar para mejorar la sociedad humana.

La explicación de la actividad de la escuela cristiana dada por la gracia común manifiesta las debilidades más evidentes. Realmente, desde el punto de vista de la gracia común, ¿por qué debería *haber* escuelas cristianas? Si su trabajo se basa en la gracia común, y si el mundo comparte esta gracia común, ¿por qué debería haber escuelas cristianas? La gracia común es la *muerte* del movimiento escolar cristiano. Si los hombres de gracia común dan una defensa de la educación cristiana, va en esta línea: el estudiante cristiano con gracia común *y especial* puede hacer una contribución mayor, puede poner la cereza en el pastel del mundo.

Lo más grave de todo es este defecto: que una actividad enraizada en el pacto de gracia (especial) entre Jehová y Su pueblo elegido en Cristo *de repente operan* por gracia *común*. La actividad de la educación cristiana ya no es fiel a su base.

Insistimos en que, si la educación cristiana se basa en el pacto, debe ser fiel al pacto en todo momento. Debe extraer su programa, su derecho al trabajo, su ímpetu, su poder, su meta, su todo de ese pacto de gracia. El ICS, a pesar de todos sus errores, ha visto esta debilidad de la gracia común. Especialmente han notado que el resultado de la gracia común es pura mundanidad estadounidense. Por lo tanto, han cuestionado un poco la gracia común. El problema es que después de que un diablo ha sido exorcizado por el ICS, otros siete y peores demonios han volado de regreso a la escuela, de modo que el último estado es peor que el primero.

---

[40] *Por una crítica a la teoría de la gracia común de Abraham Kuyper como base de una cosmovisión calvinista, a la luz del fracaso de esta teoría después de 100 años, véase David J. Engelsma, " The Reformed Worldview [La cosmovisión reformada]", Standard Bearer 74 (15 de mayo de 1998): 364–66; 74 (agosto de 1998): 436–38; 74 (septiembre 1, 1998): 460–62; 74 (15 de septiembre de 1998): 485–87; 75 (1 de octubre de 1998): 5–7.*

Huir del mundo

El huir del mundo también quiere determinar la vida del cristiano en el mundo y la actividad dentro de la escuela. El huir del mundo está claramente delineado en el monacato y el anabaptismo. Considera que el mundo físico y sus instituciones son un mal y concluye que un cristiano debe salir del mundo tanto como sea posible. Aboga por la separación física del mundo, evitando la vida normal y terrenal. Su visión de la vida cristiana es la expresada en el proverbio holandés: *met een boekje in een hoekje* (literalmente: con un librito en un pequeño rincón).

La mentalidad huir del mundo se muestra en la educación de ciertas maneras. Por un lado, tiene poco uso para la enseñanza de la literatura, la historia secular y las otras materias de la educación en artes liberales. Todo su énfasis está en la enseñanza de la Biblia y la doctrina reformada. Es realmente sospechoso de la educación como una amenaza a la fe. Dado que el estado exige cierta educación, esta mentalidad puede enviar a los niños a las escuelas estatales. O puede sacar a los niños de la escuela lo más rápido posible para que puedan trabajar. O puede enfatizar la educación vocacional.

Por otra parte, la huida del mundo, secreta o abiertamente, estima a la escuela cristiana principalmente porque mantiene a los niños separados de los niños de las escuelas públicas.

Otra manifestación de la huida del mundo es su advertencia a los niños del pacto: "¡Ningún cristiano puede ser médico!" "¡O un abogado!" "¡O un político!" "¡O un artista!"

Vale la pena señalar que la huida del mundo no es ni la visión bíblica de la vida cristiana ni históricamente reformada. No es bíblico. El libro de Proverbios muestra que la enseñanza del niño del pacto, de acuerdo con la demanda de Deuteronomio 6, no fue concebida estrechamente en el Antiguo Testamento. Más bien, se entendía que era la instrucción del niño en toda la vida humana en todas las esferas terrenales: trabajo y juego, cortejo y matrimonio, comer y beber, conducta ante el gobernante, todo. La sabiduría divina de Proverbios no desprecia la vida humana ni la reduce; en cambio, guía a los niños del pacto a vivir plenamente la vida humana en el temor de Jehová.

El don de la sabiduría de Salomón no se limitó a las cosas espirituales, religiosas y teológicas, al cultivo solo del alma, sino que se extendió a toda la gama de la realidad creada: árboles, hisopo, bestias, aves, reptiles y peces.

> Y Dios dio a Salomón sabiduría y prudencia muy grandes... Era mayor la sabiduría de Salomón que la de todos los orientales, y que toda la sabiduría de los egipcios. Aun fue más sabio que todos los hombres, ... Y compuso tres mil proverbios, y sus cantares fueron mil cinco. También disertó sobre los árboles, desde el cedro del Líbano hasta el hisopo que nace en la pared. Asimismo, disertó sobre los animales, sobre las aves, sobre los reptiles y sobre los peces. Y para oír la sabiduría de Salomón venían de todos los pueblos y de todos los reyes de la tierra, adonde había llegado la fama de su sabiduría" (1 R. 4:29–34).

Lo que es tan sorprendente ni siquiera es que la sabiduría divina, es decir, Cristo, se extienda legítimamente al hisopo y a los reptiles, sino que obviamente estas cosas son *importantes* para la sabiduría divina. El huir del mundo diría: "¿Por qué perder el tiempo en esas cosas mundanas?" Salomón era por sí solo una escuela cristiana de artes liberales, y sus alumnos eran, y siguen siendo, personas de todas las naciones.

El israelita temeroso de Dios del Antiguo Testamento no le dio la espalda a la creación, sino que la contempló, la conoció y se deleitó en ella (ver Sal. 8, 19 y 104). Vio el nombre de Dios en ella, y vio las parábolas en ella.

El Nuevo Testamento está lleno de doctrina sobre la creación y sobre el caminar del cristiano correctamente en el mundo, aquí y ahora, en todo tipo de actividades terrenales: comer y beber, trabajar, ejercitar el cuerpo y cosas por el estilo. El Nuevo Testamento indica que Pablo conocía a los escritores paganos y no dudó en usar sus declaraciones filosóficas y poéticas (véase

Hch. 17:28 y Tit. 1:12, 13).

El Nuevo Testamento niega explícitamente que la huida del mundo sea la vida apropiada del santo y afirma que el hijo de Dios puede y debe vivir la vida cristiana en todas las ordenanzas humanas que el creador ha hecho. La oración de Jesús por nosotros fue "No ruego que los quites del mundo, sino que los guardes del mal" (Jn. 17:15). Pedro enseña que un excelente caminar para los extranjeros espirituales y los peregrinos consiste en la actividad, pero que *sea una actividad justa*, en el área del gobierno, el trabajo, el matrimonio y la comunión entre los santos (1 P. 2:11-3:17). Tan lejos está el cristianismo de ser una doctrina de ascetismo que condena el ascetismo como "doctrinas de demonios" y llama a sus propios ministros "buenos" si advierten contra ese error y enseñan al pueblo de Dios que "toda criatura de Dios es buena, y nada se debe rechazar, si se recibe con acción de gracias". La piedad no desprecia ni renuncia a la vida presente; más bien, "para todo aprovecha, pues tiene promesa de esta vida presente, y de la venidera" (1 Ti. 4:1–8).

La huida del mundo no es históricamente reformada, específicamente, ahora en lo que respecta a la educación. La visión y el sistema educativo de Lutero son prueba de ello. El Lutero que se enfureció contra la síntesis de la iglesia medieval (su imposición de la filosofía de ese "maldito, sinvergüenza, pagano Aristóteles" sobre el cristianismo), y que consignó escuelas devotas a la gloria griega al abismo, fue el mismo Lutero que se opuso al espiritualismo de la huida del mundo de los anabaptistas y al materialismo anti-intelectual de los campesinos alemanes. Lutero abogó por la educación cristiana para preparar a los niños cristianos para vivir como cristianos en el mundo, incluyendo en condición de oficiales en el estado, médicos, músicos, escritores y similares.[41]

---

[41] *Para conocer los puntos de vista de Lutero sobre la educación cristiana, véase su "[To the Councilmen of All Cities in Germany That They Establish and Maintain Christian Schools] A los concejales de todas las ciudades de Alemania para que establezcan y mantengan escuelas cristianas" [1524], in Luther's Works, vol. 45, ed. Walther I. Brandt, trad. Albert T. W. Steinhaeuser (Filadelfia: Muhlenberg Press, 1962), 339–78. Véase también "Un sermón sobre mantener a los niños en la escuela" de Lutero [1530], en Obras de Lutero, vol. 46, ed. Robert C. Schultz, trad. Charles M. Jacobs (Filadelfia: Fortress Press, 1967), 207–58.*

Juan Calvino fue un hombre educado que podía citar a los filósofos y lo hizo. Conocía a los científicos y sus teorías. Estableció una universidad en la que había una educación completa en las artes liberales. Y condenó expresamente a los sabelotodo de su tiempo:

¡Sí! Usted alejaría a todos los hombres de las artes y ciencias liberales y útiles, y se jactaría entre sus semejantes de que todo estudio y aprendizaje son inútiles y de todo el tiempo invertido en vano que se dedica a la filosofía, a la gramática, a la lógica e incluso a la divinidad misma. De esta manera, usted atacaría, todo el aprendizaje útil por esta misma razón, para que pueda procurarse discípulos ignorantes y hacerse grande entre ellos. Y dice usted que los que siguieron a Cristo fueron tales. ¡Como si la fe cristiana fuera un asunto contrario e inconsistente con el aprendizaje! Pero dejemos que los lectores cristianos marquen aquí la diferencia que existe entre usted y yo. Yo siempre afirmo que los más sabios entre los hombres, hasta que se vuelven locos y se despiden de toda su propia sabiduría, se entregan humilde y mansamente a la obediencia de Cristo, están cegados por su propio orgullo y permanecen completamente incapaces de probar una gota de doctrina celestial. Porque toda razón humana es insípida en los misterios de Dios, y toda perspicacia humana ciega. Sostengo, por lo tanto, que el principio y la esencia de toda sabiduría divina es la humildad. Esto nos despoja de toda la sabiduría de la carne, y nos prepara para entrar en los misterios de Dios con reverencia y fe. Usted, por el contrario, pide a los hombres ignorantes y no enseñados que salgan a la luz pública; hombres que, despreciando todo aprendizaje e inflados solo con orgullo, intentan precipitadamente emitir su juicio sobre las cosas divinas. Tampoco reconocerá usted a nadie como juez legítimo en asuntos divinos, sino a aquellos que, contentos con la opinión de la razón y el sentido común, rechazan sin ceremonias todo lo que no solo se adapta a su propia mente y gusto.[42]

Los reformados holandeses querían una buena educación en artes liberales para todos sus hijos. El artículo original 21 de la Orden de la Iglesia de Dordt decía:

Los consistorios velarán en todas partes por que haya buenos maestros de escuela, que no sólo enseñen a los niños a leer, a escribir, a hablar y las artes liberales *(vrije Consten)*, sino que también los instruyan en la piedad y en el Catecismo.[43]

La mentalidad de huir del mundo tiene dos posibles efectos. El primero es que rechacemos nuestro llamado dado por Dios a estar en el mundo, glorificando a Dios en toda la vida terrenal y usando y disfrutando de cada criatura de Dios. El otro es que nos volvamos completamente mundanos, por paradójico que parezca. *Debemos* vivir en el mundo, incluso los anabaptistas, pero ahora lo hacemos sin el principio de vivir en el mundo para la gloria de Dios y fuera de la nueva vida de Cristo. El resultado es que el domingo somos piadosos, pero el lunes luchamos con los impíos en la búsqueda del dólar y el disfrute de los placeres pecaminosos. La conformidad al mundo no es la *única* amenaza, o la única amenaza realmente *mala*, en lo que respecta a la vida en el mundo. La huida del mundo es una doctrina de demonios, una desviación de la fe y la oposición a Dios como creador y como redentor.

---

[42] *Juan Calvino, "A Defense of the Secret Providence of God [Una defensa de la Providencia secreta de Dios]", in Calvin's Calvinism: Treatises on "The Eternal Predestination of God" and "The Secret Providence of God [La Providencia secreta de Dios]", trad. Henry Cole (Grand Rapids, MI: Reformed Free Publishing Association, [1987]), 348.*

[43] *Bouwman, Gereformeerd Kerkrecht, 518. La traducción del holandés es del autor.*

La visión reformada del mundo y la vida

Las alternativas no son la conformidad al mundo o la huida del mundo, la gracia común o el anabaptismo. Existe el camino de santificación del hijo de Dios elegido, redimido y regenerado. Existe la vida *reformada*.

Esbozo la visión del mundo y la vida de un hombre reformado. Este mundo es la creación de Dios. Dios hizo el mundo y todavía lo sostiene por su providencia. El mundo material no es intrínsecamente malo para que lo despreciemos. No es el mundo del diablo. Que él es dios de este mundo se refiere a su captura malvada de la creación terrenal, a través de su tentación de Adán y su control de ella desde un punto de vista espiritual-ético a través de la masa no regenerada de hombres. El propósito de Dios con la creación es que revele la gloria de su creador y que glorifique a Dios a través del buen servicio del hombre.

Esta creación, sumida bajo maldición por la caída del hombre, ha sido redimida por Cristo. Tenemos la redención cósmica. Dios ama a su creación. Este es el significado de Juan 3:16: "Porque de tal manera amó Dios al *mundo*". El "mundo" no es cada ser humano, sino la creación, considerada orgánicamente, con la humanidad elegida en Cristo en su centro. En su providencia, Dios cuida de la creación como un buen Padre. Es más significativo que el Catecismo de Heidelberg trata la doctrina de la providencia bajo el tema de la paternidad de Dios (Q&A 26–28). Como Padre, Dios dio existencia al mundo. Ahora, como un buen Padre, Dios cuida del mundo que Él hizo. Alimenta a los gorriones, viste los lirios, da hogares a las cabras monteses y conejitos, y satisface el deseo de todo ser vivo. Jehová se regocija en sus obras en la creación. El leviatán es su mascota, jugando en el mar. Esto no se debe a algún pacto incidental y efímero de gracia común, sino que es parte de su pacto de gracia en Jesucristo.

El pacto de gracia de Dios en Cristo se extiende a la creación bruta. Dios establece su pacto con la tierra y con toda criatura viviente de toda carne. Este es el significado del pacto con Noé en Génesis 9. Después del diluvio, cuando la humanidad redimida entró en el nuevo mundo, Dios reveló el asombroso alcance y extensión de su pacto con su pueblo en Jesús. En consecuencia, Cristo murió por la creación. Por lo tanto, la creación tiene el derecho de ser renovada en la regeneración en el gran día de Cristo y de ser reunida en una sola cabeza (Mt. 19:28, Ef. 1:10). Todas las cosas fueron hechas para Jesucristo, y todas las cosas fueron reconciliadas con Dios a través de la sangre de la cruz de Jesús (Col. 1:13-20). La creación ahora gime por la liberación de la esclavitud de la corrupción hacia la gloriosa libertad de los hijos de Dios (Ro. 8:19-22).

Por lo tanto, la creación es nuestra. Podemos usarla y disfrutarla, es decir, podemos vivir en ella y trabajar con ella de tal manera que la gobernemos, bajo Cristo, para la gloria de Dios.

Es la voluntad de Dios para su amigo del pacto que sirva a Dios con todo su ser, alma (mente) y fuerza (cuerpo, habilidades y trabajo), viviendo en cada área de la vida terrenal legítima en consagración a Dios. Todo pensamiento es hecho cautivo de Cristo (2 Co. 10:5). La vida familiar está dedicada a Dios. El trabajo se hace por el amor de Dios. El estudio de la ciencia está dedicado a Dios. Nada es independiente de Dios en Cristo. Así, ya hay un comienzo de la realización de la alianza de Dios con la tierra: la creación está consagrada a Dios a través del corazón del creyente. Es exactamente esta voluntad de Dios para nosotros, sus amigos, lo que requiere excelencia, diligencia, fidelidad, responsabilidad y mayordomía, desde el niño de primer grado en su libro de lectura como desde el ama de casa en su planchado. Es exactamente esta voluntad de Dios la que prohíbe el descuido, la dejadez y la flojera (al perezoso) tanto en la erudición como en la agricultura.

¡Hombre redimido, despierta! ¡Trabajas ante el rostro de Dios en el mundo de Dios con los talentos de Dios!

No, un hombre reformado no huye al *hoekje* con su *boekje*. El mundo lo obliga perversamente a salir de la vida terrenal, pero eso es algo muy diferente a su huida por su propia voluntad.

61

La antítesis

En el mundo, el hombre reformado vive la antítesis. Dios ha establecido la antítesis entre su pueblo, escogido del mundo, y los impíos réprobos. Dios llama a su pueblo a vivir antitéticamente. Este es el golpe mortal a la teoría de la gracia común.

La antítesis se expresa agudamente en la existencia misma de nuestras escuelas cristianas. Ellas, su aprendizaje, sus niños y su crianza para la vida se separan y se oponen a las escuelas, el aprendizaje, los niños y la crianza del mundo. La escuela reformada debe enseñar la antítesis y así criar a los niños para que vivan la antítesis en el mundo.

De naturaleza espiritual-ética, la antítesis es la oposición, la oposición total, entre el modo de vida del amigo de pacto de Dios, que teme a Dios y lo busca con todo su ser en cada área de la vida, y el modo de vida del impío, el enemigo de Dios, que odia a Dios y lo niega con todo su ser en cada área de la vida. Tanto el amigo del pacto de Dios como el enemigo de Dios viven la misma vida terrenal, en el mismo cuerpo y alma, en el mismo mundo, en las mismas ordenanzas y con las mismas criaturas. Pero sus vidas surgen de diferentes fuentes y son dirigidas por diferentes poderes.

La vida en el mundo de los elegidos regenerados tiene su fuente en la nueva vida de Cristo y está dirigida por el poder de la gracia de Dios en Cristo. Es un vivir y caminar en el Espíritu Santo. Esto es fundamental. Sin esto, no hay vida cristiana en el mundo. Aconsejar al pueblo de Dios que encuentre la fuente y el poder de la vida *en otro lugar*, como, por ejemplo, en la gracia común, es intolerable, es un intento de asesinato de la vida cristiana. Es exactamente la lucha, día tras día, del hijo de Dios para pensar, querer, sentir, hablar y actuar a partir de Cristo Jesús por el poder de la gracia del Espíritu.

La vida del incrédulo no regenerado, en contraste, tiene su fuente en la carne, es decir, la naturaleza humana depravada, y está dirigida por el poder del pecado. Es vivir y caminar en pecado.

Por lo tanto, la vida del creyente y la vida del incrédulo están en oposición. "Porque el deseo de la carne es contra el Espíritu, y el del Espíritu es contra la carne; y estos se oponen entre sí" (Gl. 5:17). Esta diferencia radical y espiritual se manifiesta en toda la vida. Primero, la vida del creyente está sujeta a la Palabra de Dios, mientras que la vida del incrédulo es independiente de la Palabra y está en rebelión contra ella. En segundo lugar, la meta de la vida es diferente. El creyente dirige su vida hacia Dios. Su vida está centrada en Dios. El incrédulo deja a Dios fuera. Su vida está centrada en el hombre.

La educación cristiana no puede funcionar, no puede perdurar, no como educación cristiana, sin una visión clara y sólida de la antítesis.

La mención de la antítesis en la educación plantea la cuestión de las producciones culturales de los impíos y la posibilidad de su uso por la escuela cristiana. La gracia común explica la filosofía, la poesía y la música de los malvados como frutos del favor de Dios sobre los impíos y del poder del Espíritu Santo obrando el bien en ellos y a través de ellos. Estas obras de los impíos son ensalzadas como positivamente buenas. La gracia común, entonces, es la base de nuestro uso de ellas. ¿El rechazo de la gracia común implica que demos la espalda a las producciones de los inicuos y las saquemos de la escuela cristiana? La tensión sobre esta cuestión no es desconocida en nuestras escuelas.

Ningún trabajo de los no regenerados es bueno. Toda acción es pecado. Pero esto se refiere a la actividad misma de los inicuo: su matrimonio, su agricultura, su composición musical o la escritura de un libro. La fuente de su actividad no es la fe en Cristo. Al hacerla, no está sujeto a la ley de Dios. Su meta no es la gloria de Dios.[44]

No está implícito, sin embargo, que el *producto* de la actividad de los impíos sea malo. Las cosas en sí mismas no son pecaminosas o mundanas más de lo que son moralmente buenas, por ejemplo, un automóvil, un vino, una radio, una visión matemática del orden del universo, un descubrimiento de cómo Dios sostiene y gobierna la creación, un poema, una novela o una sinfonía.

---

[44] *Para esta triple descripción de una obra que por sí sola es buena, véase el Catecismo de Heidelberg, P. 91.*

El hombre impío sigue siendo *hombre*, con destellos de luz natural y vestigios de sus habilidades reales. Por lo tanto, puede descubrir muchos hechos, inventar, componer y hacer muchas cosas asombrosas en medicina y ciencia. Esto no se debe a la gracia, ni estas obras son agradables a Dios. Pero no podemos reaccionar a la descripción errónea de ellas por parte de los defensores de la gracia común negando el derecho del cristiano a usar lo que producen los incrédulos. Muchos son los buenos dones de Dios *para nosotros* a través de hombres malvados. Agustín comparó esto con el préstamo de las joyas de los egipcios por parte de los israelitas para su uso en la construcción del templo de Dios.

Sin embargo, debemos estar en guardia aquí, y los maestros deben poner a los niños en guardia. ¡Israel también usó las joyas egipcias para hacer un becerro egipcio! Nunca debemos suponer que la cultura de los no regenerados deleita a Dios. Es una abominación para él. Tampoco podemos suponer que haya algún valor extraordinario en los poemas y sinfonías en lo que respecta a Dios, o incluso que el uso de tales productos culturales por parte de un cristiano tenga alguna importancia especial ante el rostro de Dios. Pensar en lo verdadero, lo honesto, lo justo, lo puro, lo bello y las cosas de buen nombre es algo muy diferente (Fl. 4:8). Una cosa es sostener que un cristiano puede leer, disfrutar, beneficiarse y usar una obra de Shakespeare e incluso que a todos los niños del pacto se les debe enseñar algo de Shakespeare en el curso de su educación cristiana. Otra cosa es sostener que leer a Shakespeare es una actividad cristiana mucho más gloriosa que, por ejemplo, leer el *Standard Bearer* [Revista de la PRC].

También debemos permanecer críticos para discernir lo que se puede usar y lo que está tan contaminado que no puede ser utilizado por el pueblo santo de Dios.

Cultura reformada

Una escuela reformada enseña a los niños la antítesis de las dos culturas. Señala las dos grandes formas de vida opuestas: en la literatura, en la música, en la historia y en otros cursos. Enseña la discriminación entre ellas. Instruye al niño del pacto a seguir un camino y rechazar el otro.

La escuela reformada es fundamental para producir una cultura reformada. Este no es el reino carnal del ICS. Esta no es la sociedad terrenal mejorada de la gracia común. Este no es el sueño de hombres como Henry Zylstra: un círculo de escritores reformados, un grupo selecto de políticos reformados, algunos músicos reformados, etc.[45]

Sino es la vida cotidiana de *todos los* hombres y mujeres del pacto, vidas vividas en obediencia a la ley de Dios y para la gloria de Dios, usando al máximo de su poder las habilidades que Dios ha dado. Los escritores, políticos y músicos reformados pueden muy bien ser incluidos, pero no definen, y mucho menos agotan, la cultura reformada. La cultura reformada es la vida santa que los santos han vivido en el mundo, pero no de él. Esta fue la opinión de Herman Hoeksema al respecto:

> También el calvinismo, sosteniendo la bondad original del mundo, y aun profesando que el mundo como kosmos no es esencialmente malo sino bueno, siendo el producto de un Dios Todopoderoso y sabio, infinito en perfección, repudia fuertemente la separación errónea de la naturaleza y la gracia, y siempre sostuvo que el poder de la redención a través de la gracia no está destinado a permanecer como un elemento extraño en la vida del mundo, sino más bien para redimir esa vida en toda su abundancia y en todas las esferas. El calvinismo siempre ha enviado a sus adoradores,

---

[45] *Véase Henry Zylstra, Testament of Vision [Teestamento de la Visión] (Grand Rapids, MI: Wm.B. Eerdmans Publishing Co., 1958).*

equipados con una visión completa de la vida y el mundo, a todas las complejas relaciones de la existencia humana para reclamarlas para Cristo nuestro Señor. El cristiano verdaderamente calvinista es un cristiano en todas partes y en todo tiempo. En el hogar y en la iglesia, en la sociedad y en el estado, en la tienda y la oficina, en el arte y en la ciencia, en el comercio y la industria, siempre y en todas partes es el calvinista un cristiano, si él es coherente y está en armonía con su propia confesión. Toda la vida y todas las relaciones de vida que él afirma deben estar basadas e impregnadas por los principios cristianos. En una palabra, no conozco ningún punto de vista que sea más amplio en su visión, que sea más kosmológico en su aplicación, que sea más abarcador en su poderosa comprensión, que sea más verdaderamente liberador en su poder que la visión calvinista de la vida y el mundo; y se puede decir con seguridad que, si se presenta una acusación contra el cristianismo de épocas pasadas, como si significara ser una separación anabaptista del mundo, el calvinismo debería ser absuelto de inmediato y puede, de hecho, ir con una conciencia libre.[46]

Esta es la única realización del "mandato cultural" posible hoy en día. No puede haber nada más. Puede que no haya nada menos.

---

[46] *Herman Hoeksema, "Social Christianity and Calvinism [Cristianismo Social y Calvinismo]", Religión y cultura 1, no. 2 (agosto de 1919): 22–23. Hoeksema expresó la cosmovisión reformada en escritos posteriores. Ver Henry Danhof y Herman Hoeksema, Niet Doopersch maar Gereformeerd (n.p.: por los autores, [192–]), 67–68, y Herman Hoeksema, ¡He aquí, Él Viene!: Una Exposición del Libro de Apocalipsis [Behold, He Cometh!: An Exposition of the Book of Revelation] (Grand Rapids, MI: Reformed Free Publishing Association, 1969), pág. 211.*

Capítulo 4
El maestro Protestante Reformado

Oye a tu padre, a aquel que te engendró; Y cuando tu madre envejeciere, no la menosprecies. Compra la verdad, y no la vendas. — *Proverbios 23:22–23*

En este capítulo, llegamos al corazón de nuestro tema. Porque tratamos aquí no sólo lo que el maestro Protestante Reformado debe ser, sino también cuál es la posición del maestro Protestante Reformado y lo que él o ella hace. Retomaremos la verdad de que el maestro está en lugar de los padres y que esto implica necesariamente que el trabajo del maestro es esencialmente el trabajo de criar a los hijos del pacto. De esto se desprenden importantes consideraciones prácticas sobre las credenciales de un maestro, así como ciertas consideraciones pertinentes para los padres.

Es apropiado que tratemos el corazón del tema de la educación cristiana reformada en relación con el maestro. Aunque es una ligera exageración decir que la escuela son sus maestros (porque Dios ha bendecido y usado escuelas que sufrieron durante un tiempo con maestros pobres), la idea central de la exageración es correcta: la educación cristiana es maestros cristianos que enseñan a los niños del pacto.

Después de que el edificio está levantado, los principios impresos y la capacitación de maestros completada, comienza la educación cristiana: el misterio de la enseñanza. *Es* un misterio. Es más que un buen plan de lecciones. Es más que un erudito brillante ante los niños. Es un regalo. Un buen maestro cristiano y una buena instrucción cristiana son grandes dones del Espíritu Santo. Había una buena razón por la que el vigésimo primer artículo original de la Orden de la Iglesia de Dordt pedía buenos maestros de escuela: "Los consistorios se encargarán en todas partes de que haya buenos maestros de escuela".

El maestro está "en el lugar de los padres"

Es una parte integral de la concepción del pacto de la escuela ver al maestro como si estuviera en el lugar de los padres. La escuela diurna es una exigencia del pacto, un aspecto del llamamiento de los padres en el pacto. Por lo tanto, la escuela es una extensión del hogar, una escuela parental, y el estado del maestro es que se encuentra en el lugar u oficio de los padres.

Esto define la autoridad del maestro con respecto a los estudiantes: es nada menos que la autoridad del padre, nada menos que la autoridad de Dios dada a los padres, nada menos que la autoridad a la que se hace referencia en el quinto mandamiento: "Honra a tu padre y a tu madre". (Ex. 20:12). Esto debe ser predicado a los niños por el pastor en sermones sobre el quinto mandamiento. Debe ser inculcado a los niños por los padres. Debe ser insistido por el propio maestro.

Que los padres confabulen con la falta de respeto de sus hijos hacia cualquier maestro, mucho más, el fomentar la falta de respeto, es que los padres asistan a criar rebeldes a quienes Dios cortará de la tierra y es para que los padres se corten sus propias gargantas. Es la propia autoridad de los padres en el maestro lo que están socavando. Puede que no haya más menosprecio de los maestros en presencia de los niños que un menosprecio mutuo por parte de los padres. Con respecto a las debilidades y faltas del maestro, tanto los padres como los estudiantes deben tener siempre presente la instrucción del Catecismo de Heidelberg sobre cómo Dios nos exige que respondamos a las "flaquezas" de los que tienen autoridad: "y que sea paciente con sus flaquezas —porque Dios ha escogido gobernarnos por medio de ellos".[47]

---

[47] *Catecismo de Heidelberg R. 104, in Schaff, Creeds of Christendom [Credos de la cristiandad], 3:345.*

Que el maestro esté en lugar de los padres es la concepción histórica reformada de la educación cristiana.

El Dr. H. Bouwman escribió:

> La regla debería ser que la escuela se origine con los padres. De acuerdo con la ordenanza de Dios, la tarea completa de criar descansa ante todo sobre los padres. A las muchas ayudas que sirven para ayudar a los padres en esta crianza pertenece especialmente la escuela. La escuela se hace cargo de una parte de la tarea de los padres. De esto se deduce que la escuela debe estar sobre el mismo fundamento que la familia cristiana, es decir, sobre la base del pacto.[48]

Cuando Bouwman resume lo que ha dicho sobre las escuelas cristianas, su primer punto es este: "que de acuerdo con el principio reformado, las escuelas deben provenir de los padres". Como base bíblica para esta posición, apela a Deuteronomio 4:9, 10; Deuteronomio 6:7, 20; Efesios 6:4; y Colosenses 3:20, 21. El educador holandés, T. van der Kooy, escribió:

> Considerando la escuela cristiana en su naturaleza, encontramos como rasgo distintivo que pretende no ser más que una escuela; es decir, una institución auxiliar a la familia en la educación de los hijos para su posición en la vida. Se contenta con esta función suplementaria.[49]

Es necesario que mantengamos esta visión de la escuela frente a un desafío a ella. El desafío es que la escuela debe ser vista como una esfera independiente y soberana, de modo que el maestro sea independiente de los padres. La escuela se convierte entonces en una escuela de maestros en lugar de una escuela de padres, y los estudiantes se convierten en los alumnos del maestro en lugar de los hijos de los padres.

Este desafío es planteado por el ICS. Esto se hace evidente en

---

[48] *Bouwman, Gereformeerd Kerkrecht, 520–21. La traducción del holandés es del autor.*

[49] *Van der Kooy, Distinctive Features [Características distintivas], 30.*

el credo educativo de Olthuis y Zylstra, que habla de un oficio de enseñanza libre y soberano, aparte de los padres.[50]

Pero esto es siempre una amenaza incipiente dentro de la configuración reformada. Era una amenaza en los Países Bajos en la década de 1800, tanto que la consigna de muchos creyentes reformados se convirtió en: "La escuela pertenece a los padres". La implicación fue: ¡No a los maestros![51] Una escuela soberana con maestros independientes fue sugerida en la discusión en la convención de la Unión Nacional de Escuelas Cristianas en 1930. Después de una conferencia sobre "La relación entre padres y maestros", hubo una discusión que se centró en la afirmación del orador de que la relación entre el maestro y el padre era la del empleador y el empleado. Alguien sugirió que la posición del maestro es "algo así como la soberanía dentro de una cierta esfera particular de acción".[52]

Donde esta noción se cuela, los maestros se consideran a sí mismos y a su trabajo como independientes, resienten la "intrusión" de los padres y no se ven a sí mismos como siervos de los padres.

La justificación de este punto de vista es que los maestros son competentes en el campo de la educación, mientras que generalmente los padres no lo son. De hecho, en muchos casos, los padres ni siquiera están bien educados. Se supone que los educadores soberanos, sin obstáculos de los padres torpes, harán una mejor escuela y una mejor educación.

Es esencial que rechacemos el desafío y retengamos las escuelas parentales, tanto en la teoría como en la práctica. La escuela de un educador no será mejor, sino que significará la perdición de la escuela cristiana, porque se separa de la raíz de la educación cristiana, de su propia fuente de vida: el pacto de Dios con los

---

[50] *Véase James H. Olthuis y Bernard Zylstra, "An Educational Creed [un credo educativo]", in To Prod, 167–70, especialmente los artículos 6, 9–10.*

[51] *Van der Kooy, Distinctive Features [Características distintivas], 34.*

[52] *National Union of Christian Schools, " The Distinctive Character of the Christian School Movement [El carácter distintivo de los hombres del movimiento de la escuela cristiana]", libro para la convención celebrada en Chicago en 1930 (n.p.: National Union of Christian Schools, 1930), 74ff.*

padres y la Palabra de Dios a los padres. O bien perderá el apoyo —el celo de los padres y luego, inevitablemente, su dinero— o perderá su carácter de pacto reformado. La escuela cristiana debe mostrarse plena y sinceramente, también a los padres, como la extensión del hogar. Hay algo seriamente mal cuando los maestros y los padres comienzan a pensar los unos de los otros como "nosotros y ellos". El hecho es que "nosotros somos ellos, y ellos son nosotros".

Dado que los maestros están en el lugar de los padres, son sirvientes. Debemos evitar las interminables disputas sobre si los maestros son profesionales, soberanos o empleados. Los maestros cristianos son siervos. Son siervos de niños de nariz mocosa, de padres sin educación y de Dios; y son siervos de Dios al ser siervos de padres e hijos. Por lo tanto, los maestros son humildes, muy humildes. Pero, de acuerdo con la ley del reino, exactamente en esta humildad son muy grandes, tan grandes que no se les puede dar suficiente honor. El que quiera ser grande en el reino, que sea el siervo; no el señor, sino el siervo de todos, según el ejemplo de aquel que nos lava los pies y murió por nosotros.

El maestro cristiano debe ser humilde, no enaltecido por sus grados, conocimientos y habilidades, sino humilde a causa de sus pecados. Él vive en esta conciencia: ¿Qué tengo que no he recibido? Como ministro, no ignoro lo que puede ser una tentación dolorosa para el maestro: la exposición al escrutinio y la crítica constantes de todos, incluidos aquellos que están menos calificados en el campo en el que ofrecen críticas. Una razón por la que tantos hombres evitan o abandonan el pastorado es que en el pastorado un hombre está sujeto al juicio y la crítica de cada miembro de la congregación. Domingo tras domingo, estudiantes, amas de casa y cavadores de zanjas pesan sus sermones y no dudan en encontrarlos deficientes. Esto es un golpe al orgullo. Es similar con el maestro. La respuesta para el maestro es la humildad.

Que el maestro sea un sirviente no significa que cada capricho de cada padre sea simplemente llevado a cabo por el maestro. Esto es imposible de todos modos. Hay un consejo escolar y una asociación. Pero sí significa que el maestro debe *escuchar* cada capricho de cada padre y escuchar con un espíritu tal que indique que conoce el derecho de los padres a hablar sobre el asunto de la educación de su hijo y que indique que está listo para dar cuenta de su enseñanza o disciplina.

La posición de siervo del maestro no significa que al maestro no se le permita ninguna libertad en la esfera de su trabajo, que se convierta en un mero títere de los padres. Esta es una advertencia a los padres para que dejen que los maestros enseñen y no estén mirando por encima del hombro del maestro cada movimiento que hace, así como yo miraría por encima del hombro del mecánico que trabajara en mi automóvil, para su gran acoso y absolutamente ninguna ventaja para mí. En el marco de la patria potestad hay un amplio espacio para el trabajo libre y sin trabas del maestro. Es imposible explicar esto en detalle exacto, o formular un libro de códigos. El amor, la confianza y la responsabilidad siempre corren el riesgo de entrometerse por un lado y sobrepasar los límites por el otro.

Se ha señalado la relación general entre padres y maestros. Abraham Kuyper escribió:

> El padre decide con qué espíritu será educado su hijo. La iglesia decide con respecto al principio por el cual ese espíritu puede ser puramente preservado en la instrucción. El estado decide los estándares y requisitos educativos. Pero la forma en que el niño debe cumplir con esos estándares y requisitos en ese espíritu y de acuerdo con la demanda de ese principio es decisión de los instructores, los maestros y los profesores mismos.[53]

Según el Dr. Bouwman, "En cuanto a la forma de instrucción, la escuela misma decide, pero los padres prescriben lo que debe enseñarse y con qué espíritu".[54]

---

[53] *Abraham Kuyper, " Ons Program" (Ámsterdam: Höveker y Wormser, 1880), 231. La traducción del holandés es del autor.*

[54] *Bouwman, Gereformeerd Kerkrecht, 520. La traducción del holandés es del autor.*

Pero la posición de siervo del maestro significa que "la escuela cristiana... se contenta con su relación con el hogar. Respeta los derechos de la familia. No usurpa ninguna prerrogativa del hogar... Nunca socava al hogar".[55]

El trabajo del maestro es la crianza en el pacto

Si el maestro se encuentra en el lugar de los padres, su tarea se establece como la crianza, o educación, del niño del pacto. Porque esta es la tarea dada a los padres por Dios. Los padres no pueden ni deben asignar a los maestros nada más que esta tarea. Incluso si los padres establecen ciertos límites a la tarea de la escuela, el trabajo restante es, en el fondo, la crianza de los hijos del pacto.

Por crianza se entiende la obra con el niño del pacto que dirige, guía y nutre su crecimiento hasta ser un hombre maduro (o "perfecto", como suele ser la interpretación de la versión King James) de Dios. Es la educación de Efesios 6:4: "Y vosotros padres... criadlos en disciplina y amonestación del Señor". La forma en que el Dios del pacto lleva a la madurez espiritual al hijo renacido del pacto es la supervisión, la dirección y la guía de otros, es decir, los padres. Los padres hacen esto a través de la instrucción, disciplina y ejemplo. El trabajo de un maestro es ayudar en esta obra, estar ocupado en *esta* tarea. El trabajo del maestro no es solo enseñar hechos, dar conocimiento de la cabeza, educar intelectos, enseñar materias de manera capaz o desarrollar habilidades completamente dadas por Dios, aunque no puede hacer menos que esto o algo completamente diferente de esto. Sino que él debe, en todo esto, *criar al niño del pacto*. Como lo expresaron los educadores holandeses: *Alle onderwijs moet opvoedkundig tewerk gaan* (Toda instrucción debe tener como propósito la crianza).[56]

---

[55] *Van der Kooy, Distinctive Features [Características distintivas], 31.*

[56] *Cornelius Jaarsma, " Education That Is Christian [La educación que es cristiana]", in Integrated Education (Grand Rapids, MI: Calvin College and Seminary, 1962), pág. 9.*

La educación del pacto es, siempre y supremamente un trabajo espiritual-ético-práctico. Este es el mensaje de cada texto en el que se da el llamado a la educación cristiana: Deuteronomio 6, Salmo 78, Efesios 6:4 y todos los demás. Ciertamente no podemos mantener la base del pacto de la educación, pero luego interpretamos la educación de manera diferente a la prescrita en esta base. El niño debe, en la totalidad de su naturaleza y en el desarrollo de cada aspecto de su naturaleza, ser nutrido espiritualmente. Tanto los padres como los maestros deben saber esto y trabajar en esta conciencia y nunca por un momento perder esta conciencia. Cuando los padres del pacto envían a su hijo a la escuela, no dicen: "Enséñele a nuestro hijo a leer y escribir", sino que dicen: "Lleva a cabo Deuteronomio 6 y Efesios 6:4 al y a través de enseñar a nuestro hijo a leer y escribir".

Esta preocupación ética-práctica ha sido siempre el latido del corazón y el poder del movimiento reformado de Educación cristiana. No es que sea una característica única de la *educación* reformada, ya que esto caracteriza la fe reformada y la vida en todo momento. Pero también es cierto para la educación reformada. Aquí es mejor que seamos todo oídos para el hombre común, el padre sin educación, el hombre que tartamudea y susurra cuando se trata de teoría educativa, pero que habla de manera tan clara y poderosa cuando se trata de la esencia y el corazón de la educación cristiana reformada. Lamentaremos el día en que encerremos o dejemos libre a la educación de su preocupación espiritual-ética, porque ese será el día en que la educación cristiana muera. Él sabe por qué quiere buenas escuelas cristianas y por qué da generosamente de su precioso tiempo (tiempo que tiene mucho menos que el erudito) y de su dinero (obtenido a través del sudor y la sangre) para esas escuelas. Los hijos de Dios deben ser enseñados piadosamente; a los niños del pacto se les debe enseñar a temer a Dios; los niños separados para Dios deben mantenerse separados de los maestros inicuos y de los hijos inicuos; los niños santificados deben ser enseñados y disciplinados para ser santos.

A través de los siglos, los padres creyentes hablan con una sola voz. La escuchas en el padre del libro de Proverbios: Hijo Mío, el principio de la sabiduría y el conocimiento es el temor de Jehová. ¡Teme a Jehová y guarda sus mandamientos! La escuchas en Lutero, quien se enfureció contra las escuelas existentes, cristianas nominales, por una razón práctica: corrompieron a los jóvenes de la iglesia en mente y modales. Se escucha en nuestros antepasados holandeses del Sínodo de Dordt cuando, en el artículo original vigésimo primero del Orden de la Iglesia, pidió "buenos maestros de escuela que no solo instruyan a los niños en lectura, escritura, idiomas y artes liberales, sino también en piedad y en el Catecismo". Se escucha en los primeros colonos holandeses en América. En la primera reunión de la Clase [equivalente a presbiterio] de Holanda en 1848, los ministros y ancianos se enfrentaron a la pregunta: "¿Qué haremos con las escuelas para nuestros hijos?" La respuesta de la Clase fue: "Juzgamos que las congregaciones deben asegurarse de que sus hijos sean entrenados en escuelas donde la influencia sea definitivamente cristiana".[57] Hemos escuchado la misma voz en nuestros propios padres y abuelos. Han expresado claramente que nuestras escuelas naciewron de su preocupación práctica espiritual-ética de que sus hijos sean criados en el temor de Dios. Tanto fue así que hay algo de verdad en la observación de que las escuelas precedieron a la base teórica de las escuelas. La vida del pacto a menudo precede a la reflexión teórica sobre la vida del pacto.

En mi opinión, nuestras escuelas tienen una debilidad aquí. No tengo en mente los fracasos de la escuela en la *práctica* de la crianza de los niños. Ciertamente estos no son mayores ni más numerosos que los fracasos del hogar. Sino que me refiero a la idea misma de la escuela que prevalece entre nosotros. Hay un intelectualismo poco saludable, una noción de que el negocio de las escuelas no es solo principalmente académico, sino incluso exclusivamente académico. Hay una vacilación, un temor, por afirmar y audazmente implementar que la tarea principal de la escuela cristiana es la crianza espiritual-ética. Hacemos bien en escuchar la advertencia del educador holandés Jan Waterink con-

---

[57] Marian M. Schoolland, *De Kolonie: The Church That God Transplanted [De Kolonie: La Iglesia Que Dios Trasplantó* (Grand Rapids, MI: Christian Reformed Publishing House, 1974), pág. 200.

tra lo que él llama "un enfoque racional unilateral en la educación". Sugiere que se trata de un área "de fundamental importancia en la práctica de la educación". Da el ejemplo de un niño de habilidades intelectuales limitadas que, sin embargo, es acosado en la escuela para aprender y obtener mejores calificaciones y que, como resultado, se vuelve "molesto, hosco, cansado y luego tal vez poco confiable". Lo que se olvida en tal educación de este niño, dice Waterink, es "la unidad de la vida". Luego continúa dando esta advertencia:

> Y así, naturalmente, llegamos a la conclusión de que existe un *peligro* para la vida misma en un enfoque *racional unilateral*. El intelecto humano, que lo disecciona todo, lo analiza todo, lo cuenta todo y lo mide todo, es en sí mismo un producto de una actividad que disuelve la vida. Por lo tanto, cualquier ciencia y cualquier pedagogía que surja simplemente de esta *proporción* aislada está condenada a la muerte; porque, aunque el hombre que te dice exactamente cuántos sépalos y pétalos, cuántos estambres y qué pistilo ha recogido de la flor que le diste puede hablar con mucha precisión y muy científicamente, no está hablando de la *flor* que Dios ha hecho crecer. Porque en la naturaleza, los estambres y los pistilos, los pétalos y los sépalos no crecen: Dios ha hecho *flores*.
>
> Y el que entiende esto, que es capaz de alcanzar la armonía entre la cabeza y el corazón, que aprende a conocer con su corazón y a amar con su intelecto —este es el conocimiento y el amor mencionados repetidamente en las Escrituras— también experimentará la unidad de la vida en la educación. Hoy no se dedicará a la educación religiosa y mañana a la educación intelectual, ni se ocupará ahora en educar moralmente al niño y luego en entrenarlo estéticamente. Comprenderá

que la vida es una y que, tanto en sí mismo, el educador, como en el niño que está educando, esta única vida debe expresarse y desarrollarse de acuerdo con la regla dada por el Creador, para que pueda ser, y el niño pueda llegar a ser, un hombre de Dios.[58]

¿Cómo debería la escuela cristiana trabajar en este llamado a criar a los niños?

¡No por excursiones periódicas al misticismo en la línea del neopentecostalismo, y no por inyecciones del emocionalismo y la piedad superficial del fundamentalismo ("Hijos, guarden sus libros de historia ahora, y cantemos 'Mas allá del sol'")!

La escuela cristiana nace simplemente por ser fiel a la base pactual de la escuela, por ser fiel a la Fe reformada. Ella cría al instruir la mente en los diversos temas a la luz y sobre la base de la Palabra, la Sagrada Escritura, y, por lo tanto, relacionando el tema con Dios y relacionando al estudiante con Dios en su conocimiento y uso del tema. El maestro puede y debe ser detallado y explícito para que él no imparta solo conocimiento, sino, sobre todo, que él críe al niño del pacto. En la ciencia, por ejemplo, el maestro debe mostrar que la ciencia evolucionista está arraigada en la incredulidad, llevando al estudiante a que al confesar la creación tome una posición por la verdad contra la mentira y está involucrado en la gran batalla de todas las edades. Debe señalar la oscura sombra de la desesperación que la evolución proyecta sobre toda la vida humana: el hombre está sin Dios y sin esperanza en el mundo. Si él no cita a Bertrand Russell a la clase, al menos les aclarará las implicaciones de la teoría que ahora tiene amenazada a la vida educativa, científica y, de hecho, toda la vida humana en nuestra sociedad, como esas implicaciones fueron reconocidas por Russell, quien él mismo, por supuesto, abrazó la evolución:

> Ese hombre es producto de causas que no tenían previsión del fin que estaban logrando: que su origen, su crecimiento, sus esperanzas y temores, sus amores y sus creencias no son más

---

[58] *Waterink, Basic Concepts [Conceptos básicos], 31–33. El énfasis es de Waterink.*

que el resultado de colocaciones accidentales de átomos; que ningún fuego, ningún heroísmo, ninguna intensidad de pensamiento y sentimiento puede preservar una vida individual más allá de la tumba; que todos los trabajos de los siglos, toda la devoción, toda la inspiración, todo el brillo del mediodía del genio humano están destinados a la extinción en la vasta muerte del sistema solar, y que todo el templo del logro del hombre debe inevitablemente enterrarse bajo los escombros de un universo en ruinas, todas estas cosas, si no del todo indiscutibles, son todavía tan seguras que ninguna filosofía que las rechaza puede esperar mantenerse. Sólo dentro del andamiaje de estas verdades, sólo sobre la base firme de la desesperación inquebrantable, se puede construir con seguridad la habitación del alma de ahora en adelante... Breve e impotente es la vida del hombre; sobre él y toda su raza la lenta y segura fatalidad cae despiadada y oscura. Ciega al bien y al mal, temeraria de destrucción, la materia omnipotente rueda en su implacable camino; para el hombre, condenado hoy a perder a sus seres más queridos, mañana mismo a pasar por la puerta de las tinieblas, sólo le queda apreciar, sino cae el golpe, los pensamientos elevados que ennoblecen sus pequeños días... orgullosamente desafiante de las fuerzas irresistibles que toleran por un momento su conocimiento y su condena, para sostener solo, a un Atlas cansado pero inflexible, el mundo que sus propios ideales han formado a pesar de la marcha aplastadora del poder inconsciente.[59]

El maestro debe indicar que la evolución produce anarquía, exis-

---

[59] *Bertrand Russell, "A Free Man's Worship [La adoración de un hombre libre]", in The Basic Writings of Bertrand Russell [en Los escritos básicos de Bertrand Russell], ed. Robert E. Egner y Lester E. Denonn (Londres: George Allen y Unwin, 1961), 72.*

tencialismo ["Come, bebe y sé feliz (*este momento*) porque mañana morimos"], y la vida hippie de irresponsabilidad. Él después puede contrastar la doctrina de la creación, mostrando cómo el llamado al pueblo de Dios a una vida de confianza, esperanza y buenas obras se basa en ella. La enseñanza bíblica buena, exhaustiva de los temas criará a los niños, por medio de la bendición del Espíritu. Si se me permite hacer una comparación por un momento con la predicación, en la fe reformada la doctrina misma es ética, es decir, la doctrina misma inclina dulcemente al creyente a la santidad de vida. La santidad no se aborda más tarde, no es una "segunda bendición".

En segundo lugar, la escuela logra la crianza por parte del maestro cuando él se preocupa por otros aspectos del niño más que su mente. Ningún padre del pacto envía un cerebro a la escuela. Él envía a un hijo del pacto en su totalidad. Los maestros pueden aconsejar. Deben hacerlo. Es imposible no hacerlo. Los maestros son negligentes si no lo hacen. Este es un aspecto de la disciplina, y la disciplina es parte del llamado del pacto de los padres que transmiten a los maestros que están en su lugar. La disciplina es una parte importante del llamado de los padres y, por lo tanto, una parte importante del llamado del maestro. La importancia de la disciplina está indicada por el hecho de que la palabra para la crianza de los hijos en el Nuevo Testamento, la palabra *paideia*, a veces se usa para referirse estrictamente a la disciplina. En Hebreos 12, por ejemplo, "castigo" es la palabra *paideia*, en otras palabras, la crianza de un niño.

La disciplina es mucho más amplia que "usar la vara" o "hacer planas" o "no salir al recreo". Es la estructuración, u ordenamiento, del niño y la vida del niño. Esto se hace en parte infligiendo algo de dolor cuando el niño peca, pero se hace en gran parte por las *palabras* de los padres y maestros, ya sea en alabanza o represión o exhortación, cuyas palabras son la ley de Dios aplicada al niño.

El maestro debe lidiar con la pereza, la irresponsabilidad, la hosquedad, la ira, la falta de respeto, el orgullo, la crueldad y el espíritu de la rebeldía. Como padre, suplico, le ordeno al maestro: "¡Ayúdame con esto! ¡Ponte a mi lado, en esto! ¡Ponte en el lugar mío y de mi esposa, en esto! ¡Amonesta! ¡Disciplina! Es decir, ¡cría a nuestro hijo!" La necedad está en el corazón de nuestro hijo del pacto, pero la vara y la represión del maestro la alejarán de él.

Tercero, la escuela cristiana cría a un niño a través de la dirección del maestro en el niño en el uso de sus conocimientos y habilidades. A la escuela le preocupa que el niño tenga una mente crítica y perspicaz para preguntas tales como cómo usar el tiempo, qué tipo de libros y revistas leer, qué tipo de música escuchar, cómo usar el dinero que ganará a través de su conocimiento de matemáticas y las otras materias. Si mi hijo usa su conocimiento de la historia para ayudar a establecer el reino del Anticristo, o si mi hija usa su capacidad de comunicarse para engañar a los demás y engrandecerse a sí misma, mi único y gran propósito con la educación de mis hijos no se ha realizado, a pesar de que mi hijo puede ser un Ph.D. en historia y mi hija la autora más aclamada de la sociedad.

La crianza de los hijos del pacto es responsabilidad del oficio del maestro. Para este servicio, se le da su autoridad. Para hacer esto, el maestro debe *amar a* los niños. Él debe amarlos como lo hacen los padres y llevar a cabo toda la instrucción en el amor. Es cierto, cuando llevamos a nuestro hijo a la escuela, decimos nada menos que esto: "¡Críalo!" Pero también decimos esto, y lo decimos primero: "¡Ámalo, como un hijo del Dios del pacto!"

Las credenciales del maestro

Si la obra del maestro es criar hijos del pacto, el maestro debe tener credenciales espirituales. Debe estar lleno del Espíritu y de la gracia de Dios. ¡El hombre o la mujer a quien confiamos nuestro hijo, no solo nuestro dinero o nuestra propiedad o incluso nuestra salud corporal y vida, sino nuestro *hijo*! —debe ser digno, debe ser digno de confianza. Lutero vio esto hace mucho tiempo y habló de "maestros de escuela honestos, rectos y virtuosos ofrecidos por Dios". También advirtió a aquellos que rechazaban a los buenos maestros de escuela cristianos, en una escuela cristiana, que "pondrían en su lugar sustitutos incompetentes, rufianes ignorantes... que a un gran costo y gasto no enseñarán a los niños nada más que cómo ser asnos absolutos, y más allá de eso deshonrarán a las esposas, hijas y sirvientas de los hombres, apoderándose de sus hogares y propiedades", una profecía cumplida con venganza en nuestros días.[60]

El maestro en nuestras escuelas cristianas reformadas debe ser reformado, con conocimiento, solidez y completamente reformado, es decir, Protestante Reformado. Puede que no sea meramente cristiano en un sentido amplio, un sentido en el que tiene aversión por la fe reformada. No puede ser vagamente reformado, sin tener ningún ojo o preocupación por el mantenimiento y desarrollo de la fe reformada en las Iglesias Protestantes Reformadas. Debe, por el contrario, ser reformado confesionalmente, con amor por la verdad y los principios reformados tal como los conocemos y confesamos y con un afán de enseñarlos y aplicarlos en todas las áreas.

Se debe determinar si un maestro tiene o no estas credenciales. Algunos han propuesto que un consistorio tenga un comité de ancianos para la vigilancia escolar, para asegurarse de que los maestros sean sólidamente reformados y capaces y para asegurarse de que la instrucción en las escuelas tenga un carácter reformado. Bouwman sugiere esto:

---

[60] *Lutero, " A Sermon on Keeping Children in School [Un sermón sobre cómo mantener a los niños en la escuela]", pág. 218.*

La iglesia deja los asuntos de la instrucción enteramente a la asociación de la escuela, y pide para sí sólo el derecho de inspección de la instrucción... Los consistorios deben tratar de ejercer vigilancia (*toezicht*) tanto sobre la capacidad de los maestros como sobre el carácter religioso (*gehalte*) de la instrucción... La vigilancia de la iglesia sobre la instrucción es deseable por estas tres razones: a. Porque el fundamento de la escuela es la Palabra de Dios y la confesión de la iglesia, y la iglesia tiene el llamado a velar que la escuela sea fiel a este fundamento; b. Porque los padres se han obligado en el bautismo a instruir a sus hijos en la doctrina de la iglesia, y es el llamado de la iglesia asegurarse de que los padres cumplan su voto bautismal; c. Porque los padres con sus hijos siempre están sujetos a la vigilancia y disciplina de la iglesia, sobre todo en lo que respecta a la instrucción... Esta vigilancia no tiene que ver con la instrucción como tal, es decir, con el plan de estudios, etc., sino con el carácter cristiano de la instrucción... La forma en que se ejerce la vigilancia se determina de mutuo acuerdo. A tal fin, el consistorio podría tener derecho a nombrar a uno o dos miembros de la junta directiva de la escuela o a nombrar un comité especial de vigilancia.[61]

Esto va en la dirección del parroquialismo y la jerarquía. No la iglesia, sino los padres tienen la responsabilidad de determinar las credenciales de los maestros y el carácter de su instrucción. Los padres llevan a cabo esta responsabilidad a través de una asociación y un consejo escolar.

Esto significa que hay una gran responsabilidad en la mesa directiva y en la asociación. La mesa directiva debe hacer de las calificaciones espirituales del solicitante su preocupación. En su

---

[61] *Bouwman, Gereformeerd Kerkrecht, 520–21. La traducción del holandés es del autor.*

supervisión de la instrucción en el aula, deben hacer del carácter reformado de la instrucción su preocupación. Esto requiere miembros de la mesa que sean reformados, hombres elegidos por la Mesa directiva debido a sus calificaciones espirituales, así como a sus habilidades educativas. Dado que las Mesas Directivas dependen en gran medida de los administradores, se requieren administradores reformados sensibles.

Las credenciales del maestro también incluyen su capacidad para enseñar. No todos los hombres o mujeres buenos, reformados y bien intencionados pueden enseñar. El maestro debe saber sus materias, debe ser capaz de trabajar con los niños y debe ser capaz de hacer llegar las cosas que él sabe al niño.

La posesión de estas credenciales exige capacitación. El ideal es nuestro propio colegio para la enseñanza de los maestros. Mientras tanto, los futuros maestros deben usar las mejores universidades cristianas disponibles. Además, nuestros maestros más experimentados y mejor calificados podrían dar instrucción a los aspirantes a maestros durante los meses de verano. La formación continua está en orden para todos nuestros profesores. Debe haber un estudio constante. Vale la pena seguir la sugerencia de Gordon H. Clark de que haya reuniones frecuentes de la facultad para discutir la visión reformada del mundo y la vida.

Algunas implicaciones

Algunas implicaciones importantes y prácticas deben extraerse de la posición del maestro en el lugar de los padres y del llamado del maestro a criar a los niños.

Debe haber la intimidad y la cooperación más estrechas entre padres y maestros. Esto se expresará y efectuará mediante reuniones y conversaciones, no más reuniones públicas, sino reuniones privadas como sea necesario. En mi experiencia, los padres tenemos la mayor culpa en este sentido. A menudo operamos bajo la noción de que el maestro nos reemplaza. Abdicamos en favor del maestro. Consideramos la escuela como un sustituto del hogar. Entonces, ni siquiera nos valemos de los medios ordinarios de cooperación con los maestros: Asociación de padres y maestros, conferencias y reuniones de asociaciones. En lo que respecta al maestro, debe llamar a los padres con respecto a los problemas y consultar con los padres con respecto a los defectos morales (pecados), y debe hacerlo temprano. La cooperación es el camino normal. Hago eco, con todo mi corazón, de la observación de van der Kooy:

> Espero fervientemente que podamos salvarnos del desafortunado conflicto entre padres y maestros que a veces se ha predicho. Estos deben, por todos los medios, estar hombro con hombro en el cumplimiento del sagrado llamado a educar.[62]

Esencial es la unidad del hogar y la escuela, de los padres y el maestro, en lo que respecta al niño y su crianza. El hogar y la escuela deben ser uno en mente, uno en voluntad y, sobre todo, uno en el corazón en cuanto a quién es el niño, cuáles son la instrucción y la disciplina requeridas, y quién es Dios. En este punto, la obra de la iglesia es crucial: predicar al hogar y a la escuela por igual la mente y la voluntad de Jesucristo. La unidad de nuestros hogares y escuelas es algo raro hoy en día. ¡Ora a Dios para que no la perdamos!

También se da a entender que el maestro debe estar asombrado con su llamado, tal como lo está el padre. Debería sentir que no aceptaría tal posición por un millón de dólares, y que no podría dejarla por dos millones. Teniendo esta actitud, dependerá de Dios para la capacidad de hacer el trabajo y orará por la gracia constantemente. También será diligente. Él dará todo lo que tiene. Si alguna vez hubo un llamamiento que justificara el sacrificio y el esfuerzo más allá del llamado del deber, enseñar a los niños del pacto es este llamado.

Finalmente, los maestros deben ser altamente honrados. Se les debe pagar bien. Deben ser respetados. Lutero lo dijo a su manera inimitable:

---

[62] *Van der Kooy, Distinctive Features [Distintivo Funciones], 34–35.*

Simplemente diré brevemente que un maestro de escuela diligente y recto, o cualquiera que entrene y enseñe fielmente a niños [¡y niñas!], nunca puede ser recompensado o reembolsado adecuadamente con ninguna cantidad de dinero, como incluso el pagano Aristóteles dice. Sin embargo, este trabajo es tan vergonzosamente despreciado entre nosotros como si no equivaliera a nada en absoluto. ¡Y aun así nos llamamos cristianos! Si pudiera dejar el oficio de predicador y mis otros deberes, o tuviera que hacerlo, no hay otro oficio que preferiría tener que el de maestro de escuela o maestro de niños; porque sé que junto al de la predicación este es el mejor, más grande y más útil oficio que existe. De hecho, apenas sé cuál de los dos es el mejor. Porque es difícil hacer que los perros viejos sean obedientes y los viejos sinvergüenzas piadosos; sin embargo, esa es la obra en la que el predicador debe trabajar, y a menudo en vano. Los retoños jóvenes se doblan y entrenan más fácilmente, aunque algunos pueden romperse en el proceso. Seguramente tiene que ser una de las virtudes supremas en la tierra entrenar fielmente a los hijos de otras personas.[63]

---

[63] *Lutero, "A Sermon on Keeping Children in School [Un sermón sobre cómo mantener a los niños en la escuela]", págs. 252–53.*

Capítulo 5
El objetivo de la
educación reformada

A fin de que el hombre de Dios sea perfecto, enteramente preparado para toda buena obra. — 2 Timoteo 3:17

¿Cuál es nuestra meta, nuestro fin, nuestro objetivo con nuestras escuelas cristianas?

Esta es la pregunta que debemos responder ahora. Es una pregunta importante. Es necesario tener claramente en mente el objetivo de la educación cristiana desde el principio de la instrucción y no olvidarlo por un momento en el curso de la educación. La falta de rumbo hace que toda la obra sea inútil. La búsqueda de objetivos equivocados subvertirá la educación que se da. Por otro lado, la meta por la que se lucha determina la naturaleza de toda la obra de educación cristiana y hace que esa educación sea buena, valga la pena y sea rentable. No solo el padre y el maestro, sino también el estudiante, deben saber cuál es el propósito y recordarlo a lo largo de su educación. Esto requiere que los padres y maestros le digan la meta y se la recuerden repetidamente. El estudiante debe saber la respuesta a sus preguntas: "¿Por qué debo ir a la escuela? ¿Por qué debo estudiar? ¿Qué estoy haciendo aquí? ¿Por qué mis padres ponen nuestras propias escuelas?"

El objetivo da sentido y significado a la actividad de educar. "¿Para qué sirve todo esto?" es una pregunta válida y es mejor que haya una respuesta. El objetivo que se tiene en cuenta es el incentivo para que el maestro enseñe, para que el estudiante aprenda y para que el padre mantenga la escuela donde se lleva a cabo esta enseñanza y aprendizaje. Especialmente para el estudiante, esto equivale a algo como: "Come tus espinacas, para que puedas convertirte en un hombre fuerte y de voz fuerte como tu padre". La meta unifica y dirige la masa de material que compone la instrucción y, de hecho, todo lo que tiene cabida en la escuela cristiana. La meta también servirá como criterio para juzgar lo que no tiene cabida en la educación cristiana. Además, el objetivo de la educación cristiana es simplemente un fin en sí mismo, vital en la educación cristiana no sólo por lo que hace, sino también por lo que es en su derecho propio.

Se hace cada vez más urgente que conozcamos la meta ya que otras metas son propuestas y defendidas vigorosamente. Esto es cierto con respecto a la educación en el mundo, pero también es cierto con respecto a la educación entre los cristianos reformados. Hay un esfuerzo por *redirigir* la educación cristiana. Si ese esfuerzo tiene éxito, desviará nuestro objetivo del cielo a la tierra, de Dios al hombre, de la *Civitas Dei* a la *Civitas Mundi*; y toda la educación se echará a perder. En este caso, sería mejor para nosotros que se colgara una piedra de molino sobre nuestro cuello colectivo y nos ahogáramos en la profundidad del mar, porque seríamos una piedra de tropiezo para multitudes de pequeños de Cristo.

Debemos derivar nuestra meta de nuestra base de educación cristiana: el pacto de Dios con los creyentes y sus hijos. La base determina la estructura completa que se encuentra sobre esa base. En los cimientos de la Torre Sears no se construye un gallinero. Nuestro objetivo en la educación cristiana debe aquel contenido en y expresado por el mandamiento pactual de Jehová a los padres creyentes.

No debemos comenzar en el Espíritu y terminar en nuestra carne, comenzar con el pacto de gracia y terminar en las metas de los griegos, de los humanistas, de los pragmáticos estadounidenses, o de nuestras propias ambiciones carnales orgullosas para nuestros hijos. Esto se hace fácilmente. La educación cristiana, también, está constantemente acosada por la tentación de ser conformada a este mundo. Hoy, además, hay enemigos dentro de las puertas del campo reformado. Son engañosos. Los hombres impíos y los seductores empeoran en el ámbito de la educación cristiana, engañando y siendo engañados. Ellos hablan del pacto para obtener el dinero de los padres de los hijos, y luego trabajan para un fin que no tiene nada que ver con el pacto. Se vuelven aún más astutos y disfrazan su objetivo no-pactual como "la Visión reformada del mundo y de la vida" o "el reino de Dios".

Al afirmar este objetivo desde la base del pacto de la educación, y especialmente al perseguirlo en nuestras escuelas, debemos exponernos voluntariamente al ridículo. ¿Por qué deberíamos suponer que la educación cristiana está exenta de la ley del reino de que la sabiduría de Dios es una locura para el hombre, especialmente para los sabios entre los hombres, para los "griegos"? Todos los que vivan piadosamente en Cristo Jesús en la educación sufrirán persecución. Hemos escuchado, y todavía escuchamos, los abucheos, "¡Anabaptistas!" "¡Escuelas estrechas, dogmáticas y confesionales!" "¡Escuelas sin ninguna visión del reino!"

Con respecto al Niño del Pacto que es educado

Se proponen muchas metas falsas para la educación. Incluso hay una opinión popular de que en la educación no hay, y puede no haber, una meta para el niño. Simplemente se debe permitir que el niño se desarrolle sin obstáculos. El trabajo del educador es reubicar todo lo que pueda obstaculizar el libre desarrollo del niño y mejorar la posibilidad de este desarrollo. Desde este punto de vista, es una herejía educativa hablar de dirigir a un niño, y mucho menos a todos los niños, a un objetivo específico. Esto es una falta radical de rumbo en la educación. Pero es adecuado, después de todo, a los principios de la evolución, la teoría de la bondad y la centralidad del hombre y la convicción de la inexistencia —o irrelevancia— de Dios. La educación sin objetivos se hace evidente de muchas maneras, tanto en la educación misma como en la vida de los niños así educados.

Hay muchos objetivos terrenales de la educación directamente centrados en el hombre. Ahí está el objetivo del caballero culto; el objetivo del ciudadano bien adaptado en la sociedad estadounidense; y el objetivo del hombre exitoso: rico, poderoso, bien posicionado, famoso y feliz. En un estado totalitario, como China, el objetivo es el buen funcionamiento de los engranajes en la maquinaria del estado.

Hay varios objetivos falsos y religiosos. Una es la salvación del alma del niño en una escuela que practica el evangelismo. Otro es el objetivo de la escuela dominada por el fundamentalismo: que haya algo de religión en el alma, así como conocimiento en la mente. Los educadores comprometidos con el evangelio social, incluidos los humanistas "reformados" de nuestros días, apuntan al mejoramiento de la sociedad. Los hombres y mujeres del ICS trabajan celosamente para producir visionarios y activistas del reino y, por lo tanto, su reino.

Radicalmente diferente es el objetivo de la educación reformada y pactual. Tenemos un objetivo. Nuestra meta es un hombre maduro de Dios, que vive en este mundo en cada área de la vida con todos sus poderes como amigo-siervo de Dios, amando a Dios y sirviendo a Dios en toda su vida terrenal con todas sus habilidades y que vive en el mundo para venir como rey bajo Cristo, gobernando la creación para alabanza de Dios, su hacedor y redentor.

Esta es la meta propuesta por las Escrituras, particularmente en aquellos pasajes que llaman a los padres a la crianza cristiana de los hijos del pacto. Decir que derivamos nuestra meta de la base del pacto de la educación es decir que la derivamos de las Escrituras. Las Escrituras establecen la meta de la crianza de los hijos; La Escritura establece el fin del hombre. En el movimiento de la escuela cristiana, debemos cerrar nuestros oídos a todo el clamor del hombre y debemos escuchar sólo la Palabra.

De acuerdo con Deuteronomio 6, la meta de la enseñanza diligente de los niños es que amen al Señor su Dios con todo su corazón, alma y fuerza. Negativamente, el propósito es que no se olviden del Señor, no se olviden de él cuando habiten grandes y buenas ciudades, no se olviden de él en las casas llenas de cosas buenas, no se olviden de él cuando coman y estén llenos. Negativamente, el objetivo es que "No andaréis en pos de dioses ajenos, de los dioses de los pueblos que están en vuestros contornos" (v. 14). Estos dioses se llaman Baal, Dinero, Placer y el yo.

El objetivo no son niños que crezcan para temer a Jehová, *así como* también para vivir la vida terrenal. Tampoco es que los niños crezcan para temer a Jehová evitando la vida terrenal. Sino la meta es que los niños crezcan para temer a Jehová *en* la vida terrenal, es decir, los niños que crecen para vivir toda la vida terrenal para Jehová.

El Salmo 78:1–8 enseña que el propósito de que los padres muestren las alabanzas de Dios a la generación venidera es que esos niños "pongan en Dios su confianza, Y no se olviden de las obras de Dios; Que guarden sus mandamientos, Y no sean como sus padres, Generación contumaz y rebelde".

Segunda de Timoteo 3:14–17 es un pasaje especialmente claro y pertinente. El niño del pacto, instruido por su abuela y su madre, se convierte en un hombre de Dios, un hombre maduro de Dios ("perfecto" no es "sin pecado", sino "maduro"), cuya madurez se manifiesta en que está completamente provisto para toda buena obra. Él está preparado para una vida de buenas obras aquí y ahora en el mundo. Tal vida de buenas obras no consiste en correr repartiendo folletos o hacer una visita ocasional a la cárcel para cantar himnos arminianos, sino en amar y ser fiel a su esposa, mantener a su familia, someterse pacientemente a un supervisor incrédulo, pagar sus impuestos y cosas por el estilo. El objetivo es la santidad: la consagración de uno mismo y la totalidad de la propia vida a Dios en agradecimiento.

No hay necesidad de enumerar más textos; cada pasaje de las Escrituras que revela el propósito de Dios al crear al hombre y redimir a la nueva humanidad en Cristo enseña lo mismo.

Sin embargo, debemos recordar el mensaje de Eclesiastés. Ese mensaje no es la vanidad de la vida terrenal absolutamente. Eclesiastés no es el grito sacudido del pesimista, que luego se suicida. No es el infeliz réquiem del monje, que inmediatamente se lleva al monasterio. Sino el mensaje es la vanidad de toda la vida terrenal, absolutamente *toda* la vida terrenal —la realeza, la agricultura, el aprendizaje, la *creación de libros*— *sin temer a Jehová ni guardar sus mandamientos.* El conocimiento aparte de conocer a Dios, toda actividad no motivada por el amor de Dios y dirigida a Él y la vida misma vivida separada de Dios y lejos de Dios son vanos. La aplicación de este mensaje, por lo tanto, es: ¡Conoce, sé rey, escribe libros, bebe vino y cultiva en el temor de Jehová! ¡Y enseña a los niños a hacer esto!

Este objetivo de la educación cristiana concuerda con lo propuesto por los pensadores reformados. Herman Bavinck sugiere esto:

> Verdadera piedad combinada orgánicamente con un conocimiento sólido y una cultura genuina. Así formamos hombres *de Dios,* equipados para toda *buena obra, completamente* equipados para toda buena obra.[64]

Herman Hoeksema da esto como el objetivo:

> El objetivo en tu educación es el hombre perfecto de Dios, conociendo la voluntad de su Dios para cada esfera de la vida y para cada paso que dé en el camino de la vida, y te encargarás de que en su vida esté bien equipado con un conocimiento claro y conciso de todos los preceptos del Altísimo.[65]

Jan Waterink afirma,

> Si se me pidiera que diera una declaración de una sola oración del objetivo de la educación, debería formular la definición de la siguiente manera: "La formación del hombre en una personalidad independiente que sirve a Dios de acuerdo con su Palabra, capaz y dispuesto a emplear todos sus talentos dados por Dios para el honor de Dios y para el bienestar de sus semejantes, en el área de la vida en la que el hombre es colocado por

---

[64] *Bavinck, Paedagogische Beginselen, 53. La traducción del holandés es del autor.*

[65] *Hoeksema, " Christian Education [Educación Cristiana]", pág. 532.*

Dios".[66]

Nuestro objetivo tiene dos aspectos. Primero, nuestra meta en la crianza del niño del pacto es la alabanza de ese niño a Dios *en la eternidad*. Esto no se refuerza lo suficiente. Pero se expresa en la oración después de bautismo en la Forma para la Administración del Bautismo: "para que sean piadosa y religiosamente educados... con el fin de que puedan alabarte y magnificarte *eternamente*".[67] La alabanza de Nuestros hijos a Dios en la eternidad está relacionada y es llevada a cabo a través de nuestra crianza de ellos, también en la escuela cristiana. No voy a especular sobre esto, pero sostengo que la educación cristiana, en las escuelas, es útil para la vida y reinado del niño con Cristo en el nuevo mundo. Ninguna educación genuinamente cristiana se desperdicia o se pierde.

Implicado en esto está la inhabilidad del maestro para ver todo el fruto de su trabajo en esta vida. Al igual que el labrador, debe tener una larga paciencia para el precioso fruto. En la educación vivimos y trabajamos por fe en las cosas invisibles que son eternas.

Este aspecto eterno de la meta debe ser la motivación del padre y del maestro. Si estamos poderosamente conmovidos por el placer que ahora tenemos en "hijos como plantas crecidas en su juventud, Nuestras hijas como esquinas labradas como las de un palacio", ¿qué placer tendremos un día cuando aquello que no se ve ahora se verá plenamente en nuestros hijos y estudiantes?

El segundo aspecto de nuestra meta es definitivamente la vida piadosa del niño en la tierra, aquí y ahora. Tenemos un objetivo temporal. Su lugar, su conexión inseparable con la meta eterna y su sumisión a la meta eterna son todas excelentemente puestas de manifiesto en la oración de la forma del bautismo: "para que sean piadosa y religiosamente educados... y vivan en toda justicia bajo nuestro único Maestro, Rey y Sumo Sacerdote, Jesucristo... con el fin de que puedan alabarte y magnificarte eternamente". Ellos deben vivir una vida centrada en Dios (santa), obediente y

---

[66] Waterink, *Basic Concepts [Conceptos básicos]*, 41.

[67] *Form for the Administration of Baptism [Formulario para la Administración del Bautismo]*, in *Confessions and Church Order [en Confesiones y Orden de la Iglesia]*, 260; énfasis añadido.

responsable en el mundo, viviendo ante el rostro de Dios en su posición, como profetas, sacerdotes y reyes, y haciendo esto por gratitud por la salvación misericordiosa.

En este sentido, debemos recordar que el único gran peligro en los últimos días, según la Escritura, y la experiencia presente lo confirma, es la mentalidad terrenal (secularismo, materialismo). Hay un divorcio mortal de santidad de la vida cotidiana en el mundo: Dios el domingo y el dinero el lunes. El mal de aquellos que se hundirán cuando Dios se levante para juzgar al mundo en justicia no es que sean groseramente inmorales, sino "simplemente" que están comiendo y bebiendo, casándose y dándose en matrimonio y construyendo casas. La escuela cristiana es, en su propia existencia, la negación de la religiosidad terrenal, porque representa la verdad de que Dios está en el centro de todo conocimiento y realidad y la verdad de que los hombres deben buscar a Dios en toda la vida. Pero también debe esforzarse por enseñar a los niños estas verdades y así criarlos para que vivan de esa manera.

Por lo tanto, la educación cristiana es útil, en el más alto grado útil, adaptando al niño para vivir la vida como la vida debe ser vivida y, puedo agregar, con un ojo en el libro de Proverbios, preparando al niño para vivir una vida que es bendecida y feliz. Persiguiendo su objetivo, la educación cristiana, y solo ella, escapa a la condena que Alfred North Whitehead transmitió sobre la educación moderna:

La solución que estoy instando es erradicar la desconexión de las asignaturas que mata la vitalidad de nuestro plan de estudios moderno. Sólo hay un tema para la educación y es la Vida en todas sus manifestaciones. En lugar de esta única unidad, ofrecemos a los niños: Álgebra, de la cual nada se deriva; Geometría, de la que nada se desprende; Ciencia, de la que nada se desprende; Historia, de la que nada se desprende; un par de idiomas, nunca dominados; y, por último, la más lúgubre de todas, la literatura, representada por obras de Shakespeare, con notas filológicas y breves análisis de la trama y el personaje para ser en esencia llevados a la memoria. ¿Se puede decir que tal lista representa la Vida, tal como se le conoce al vivirla? Lo mejor que se puede decir de ella es que es un índice rápido que una deidad podría elaborar en su mente mientras pensaba en crear un mundo, y aún no había determinado cómo armarlo.[68]

Sorprendentemente, Whitehead concluye que "podemos contentarnos con nada menos que el viejo resumen del ideal educativo que ha estado vigente en cualquier momento desde los albores de nuestra civilización. *La esencia de la educación es que sea religiosa"*.[69] Pero, por desgracia, la "religión" para Whitehead no incluye a Dios. ¡Tan cerca y, sin embargo, tan lejos!

No sólo Proverbios, sino también el Nuevo Testamento nos dice que la piedad es provechosa, es decir, *útil*. Es útil para todas las cosas, "teniendo promesa de la vida que ahora es", así como de la que está por venir (1 Tim. 4:8).

Con respecto al Reino de Dios

Nuestra meta en la educación, ¿tiene algo que ver con el reino de Dios? ¿Es el reino un aspecto importante de la meta? Incluso si tuviéramos la mente de ignorar este aspecto de nuestra meta, la consideración de esta pregunta nos es forzada por las teorías educativas dentro de la esfera reformada que enfatizan la concepción

---

[68] *Alfred North Whitehead, The Aims of Education and Other Essays [Los objetivos de la educación y otros ensayos] (Nueva York: Macmillan, 1929), pág. 18. 6 Ibíd., 25; énfasis añadido.*

[69] *Ibid., 25; énfasis agregado.*

del reino de Dios. Hay dos grupos principales: los que anhelan la reforma social y el ICS.

El objetivo de los reformadores sociales son hombres y mujeres que entren en la sociedad, uniéndose a las asociaciones de impíos, para ayudar en el esfuerzo por mejorar la condición humana: resolver el problema racial, ayudar a los pobres, mejorar las condiciones de trabajo e incluso aliviar las tensiones internacionales. En los círculos reformados, es maravilloso contemplar cómo Juan Calvino está hecho para encajar en la cama de Procusto de la mejora social. Uno está convencido de que Calvino no tenía otro propósito para la teología, la predicación o la iglesia que la mejora de la condición terrenal del hombre, hasta que uno se toma la molestia de leer a Calvino mismo, en otros lugares. Los evangélicos también abrazan este objetivo de la educación. Brillando a la distancia es el espejismo de un mundo incrédulo e injusto de paz y prosperidad, que se llama "reino de Dios".

El objetivo del ICS es el cumplimiento del mandato cultural de Génesis 1 y, por lo tanto, una sociedad grande, pacífica, gloriosa y terrenal dominada por cristianos evangélicos (léase a los hombres del ICS: los reyes filósofos de Platón en la carne). Con este fin, están educando a niños y niñas para que se conviertan en organizadores de instituciones cristianas (léase ICS) en todo el país. Una vez más, brillando en la distancia está el espejismo del "reino de Dios".

Nuestro rechazo de estas visiones del reino es tan radical como puede ser: el reino previsto no es el reino establecido por Cristo, el reino revelado en el evangelio y el reino al que los creyentes ya hemos sido transferidos. Los reinos de los reformadores sociales y de los ICS son reinos carnales, reinos terrenales, reinos erigidos por hombres, reinos basados en el deseo natural de los hombres de paz y placer terrenales. El reino de Dios es espiritual, celestial, edificado por el Hijo de Dios a través del evangelio, basado en la justicia de la cruz de Jesús.

Dado que tanto los reformadores sociales como el ICS tienen el mismo reino en mente, su combate ocasional es un combate amistoso. Tarde o temprano se unirán entre ellos. Luego, como todos los caminos conducen a Roma, también encontrarán a Roma, que tuvo esta visión del reino hace mucho, mucho tiempo.

Pero esto no puede llevarnos a pasar por alto, o minimizar, que buscamos el reino de Dios en la educación. Menos aún podemos ocultar esto a nuestros hijos. El ICS tiene un poderoso llamamiento a los jóvenes: "Puedes tener un lugar en el 'reino', puedes estar activo en nombre del 'reino' y puedes marchar hacia la victoria con el 'reino', si tan solo adoptas nuestra visión del 'reino'". Somos tontos, somos pobres maestros Cristianos, si descuidamos enseñarles a nuestros hijos: "Ustedes son ciudadanos del reino de Dios. Ustedes son criados para la vida en este reino. Están llamados a ser activos en el reino en su nombre". Las escuelas cristianas son escuelas del reino; la educación cristiana es la educación del reino. Escuchen una vez más la forma del bautismo: "... vivir en toda justicia bajo nuestro único... Rey... Jesucristo; y luchar varonilmente contra el pecado, el diablo y todo su dominio".[70]

De hecho, buscamos el reino en la educación y lo buscamos primero, lo buscamos principalmente, como es nuestro deber claro según Mateo 6:33. Hacemos esto de dos maneras. Primero, la actividad de dar a nuestros hijos educación cristiana es, para nosotros los padres, en sí misma una actividad de buscar primero el reino, confiando en que Dios nos agregará pan, ropa y otras necesidades terrenales. Segundo, educamos a los niños para que puedan vivir la vida del reino en el mundo.

Con respecto a esto último, debemos ser claros. Rechazamos la concepción carnal del reino, y no permitimos que nuestros hijos sufran el engaño o persigan el espejismo insustancial de los reformadores sociales y el ICS. Sabemos cuál es el futuro terrenal del pueblo de Dios. Sabemos qué reino se levantará en la tierra en estos últimos días. Debemos enseñar esto a los jóvenes.

Nosotros y nuestros hijos del pacto vivimos la vida del reino de esta manera. Creemos y obedecemos el evangelio de Cristo en toda nuestra vida terrenal. Vivimos en el mundo desde de la nue-

---

[70] *Form for the Administration of Baptism [Formulario para la Administración del Bautismo], in Confessions and Church Order [en Confesiones y Orden de la Iglesia], 260.*

va vida de Cristo. Servimos fiel y obedientemente a Cristo como Señor en el gobierno, el trabajo, el hogar y la iglesia haciendo su voluntad en estas instituciones. Vivimos la vida de Mateo 5–7. Esto es a lo que apuntamos en la instrucción de nuestros hijos. Es obvio que esto es lo mismo que vivir la vida del pacto, la vida del amigo-siervo de Dios.

La meta de la vida del reino no es enfáticamente el "servicio del reino de tiempo completo", como solíamos escuchar una y otra vez en la capilla, como si la meta solo se alcanzara en predicadores y maestros de escuela cristianos. Esto no es calvinismo. Esto no es un pensamiento de pacto. Por el contrario, cada niño debe vivir una vida de "servicio del reino de tiempo completo", ya sea que el niño sea científico, madre, conserje o abogado.

Tal crianza, como la vida del reino mismo, es un trabajo agotador. Confesamos que lo hacemos, mientras vivimos la vida del reino, sólo en principio. No tenemos más que un comienzo muy pequeño de la nueva obediencia. Por lo tanto, en nuestro trabajo de educación cristiana, debemos caracterizarnos por la humildad y el arrepentimiento.

Sin embargo, es un trabajo glorioso. El trabajo que apunta a hombres y mujeres jóvenes que viven la vida del reino de Dios en el mundo es glorioso. Pero incluso esto se cree más de lo que se ve. La venida del reino a través de la educación cristiana no es espectacular, glamorosa ni vistosa. El reino no viene con observación. Tampoco dirán: ¡Aquí! O, ¡allá! Sin embargo, llega. Por lo tanto, la educación cristiana es digna de nuestros mejores esfuerzos, por gracia.

Con respecto a la gloria de Dios

Apuntamos a hombres y mujeres maduros del pacto. Apuntamos, de esta manera, al reino de Dios. Nuestra meta final en la educación cristiana, por lo tanto, es la gloria de Dios. Al tener la gloria de Dios como nuestra meta, somos fieles a la base del pacto de la educación cristiana, porque en el pacto Dios debe ser Dios, y el pacto con nosotros debe terminar en él.

La meta de la gloria de Dios subyace en nuestra meta con respecto al niño, a saber, que el niño sea un hombre que sirva a Dios en este mundo y en el que está por venir. Dado que la meta es la gloria de Dios, la educación del pacto no puede simplemente terminar en que el niño sea salvo y mucho menos en el éxito terrenal del niño. Esto convertiría al *hombre* en el objetivo de la educación. Pero la meta de la educación del pacto debe ser el servicio activo del niño a Dios. Sólo entonces es *Dios* la meta.

No darle al blanco de Dios y su gloria es pecado en la educación, como lo es en todas partes. Esto hace que la educación sea vana. Los campus gigantescos se construyen a un costo enorme, y se gasta una energía asombrosa, ¡por nada! Sobre ella cae el juicio de Dios, tanto en el tiempo como en la eternidad. No hay alternativa a la educación del pacto gobernada e impregnada de la Palabra, llevada a cabo por padres creyentes a través de maestros temerosos de Dios, y dirigida a la gloria del Dios trino. El intento fracasa en un caos de alboroto, ignorancia y sensualidad, como es el caso en muchas escuelas hoy en día, o toda la creación y la vida de los estudiantes son dobladas, retorcidas y distorsionadas, con ruina para la creación y miseria para los hombres, hacia el establecimiento del reino del hombre, es decir, el reino de la bestia. Esto también se desmoronará.

La meta de la gloria de Dios se logra *a través* de nuestra crianza de los hijos; Dios es glorificado en la educación cristiana *a través* del amor y el servicio y la no negligencia de los niños.

Esto *se logra* en la educación cristiana por padres y maestros. Los niños *son criados* hasta la madurez. Dios usa, realmente usa, nuestra educación para llevar a su hijo del pacto a convertirse en el hombre de Dios, preparado para una vida de buenas obras. Hay poder en la educación. La educación cristiana es lo más significativo: es una exigencia del pacto. ¿Qué celo, qué cuidado, qué fidelidad no requiere esto?

Pero es la obra de Dios. Aquí descansan los maestros cristianos y los padres cristianos. El pacto es de Dios. El pacto y la promesa del pacto son misericordiosos. No dependen de ningún hombre. Dios hace hijos del pacto. Dios los lleva a la virilidad espiritual. Dios obra en ellos para querer y hacer la vida y el trabajo del reino.

Por lo tanto, los maestros cristianos, como los padres en cuyo lugar ellos están, deben orar, deben trabajar orando, en nada dudando.

Jehová, Dios del pacto en el Señor Jesús, salva a los hijos del pacto y glorifica tu nombre a través de ellos.

Publicaciones de la RFPA en español

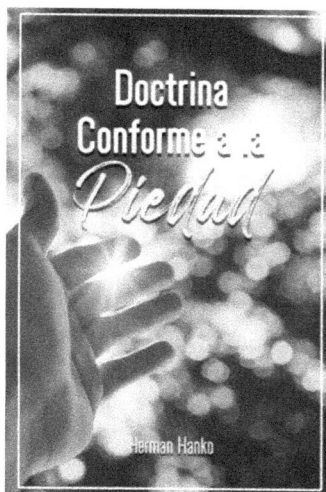

Doctrina conforme a la Piedad
Este libro contiene capítulos pequeños de Teología Sistemática que son ideales para responder a las dudas doctrinales de jóvenes y adultos. Además, este libro puede ser de gran ayuda para el entrenamiento de pastores y ancianos tanto en el área académica en seminarios, como en el área eclesiástica en estudios bíblicos o como base para sermones. Aunque los capítulos son breves, son profundos en doctrina y teología, pero de lectura fácil.

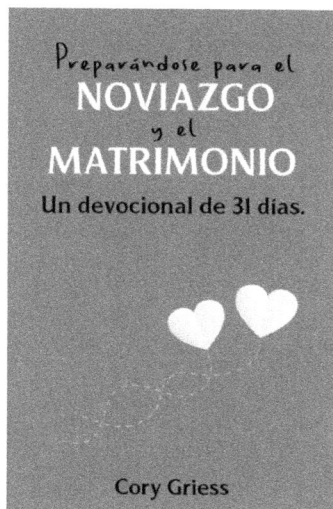

Preparándose para el noviazgo y el matrimonio, un devocional de 31 días.
Este libro contiene capítulos pequeños sobre el noviazgo y el matrimonio desde la perspectiva bíblica. Cuidando de mantenerse en la sana doctrina, el pastor Cory Griess desarrolla estos temas de manera pastoral y paternal. En estos tiempos de decadencia espiritual y de crisis de identidad de género, este libro tiene respuestas bíblicas para encaminar a nuestros hijos e hijas en la búsqueda de un esposo o una esposa cristiana. Este libro está diseñado para ser leído en devocionales familiares o como material para escuela dominical y de consejería matrimonial.

www.ingramcontent.com/pod-product-compliance
Lightning Source LLC
Chambersburg PA
CBHW060952040426
42445CB00011B/1118